フェル先生の

さわやか人生相談

※本書は2012年9月より、ウェブサイト「cakes」にて連載中のコラム「フェル先生のさわやか人生相談」に、加筆、修正、書き下ろしを加えたものです。

はじめに

人生は悩みで満ち溢れています。事故が起きたり、信頼していた人に裏切られたり、寄らば大樹と入社した会社が傾いたり。長く生きていると、マサカ！ということが、自分には関係ないだろうと思っていたようなことが、まったく当たり前に身の回りに起きるのです。

そして悩みのもととなるさまざまな逆境は、望みもしないのに毎日安定的に生産され、また頼んでもいないのに着実に供給されていきます。

本来、悩みは自分で解決していくべきものです。それができるのが〝大人〟というものです。しかし、なかなかそうはいきません。悩みの大半は〝相手〟（それは個人であったり集団であったり、また国や企業であったりするのですが）のあることであり、その相手は自分の思い通りには動いてくれないからです。自分だけでは解決できないとなると、誰かに相談するほかありません。この相談というのがまた難しい。何しろ自分の弱みと恥部を曝《さら》け出すのですから、親しい人だと恥ずかしいし関係の薄い人だと親身になってはくれません。そりゃそうですよね。みんな自分のことで精いっぱいなのですから。

そこでこの本の出番です。本書は、全国から寄せられたさまざまなお悩みをジャンル別に分類し、可能な限り平易な文章で回答する、お悩み解決のガイドブックです。順番に読み進んでいただいても、気になる項目から読み始めていただいても分かるように構成されています。

親愛なる読者諸兄諸嬢のお悩みが少しでも軽減すれば、著者として望外の幸甚です。

パリへ向かう機中にて
フェルディナント・ヤマグチ

フェル先生のさわやか人生相談

目次

PART 4

自分の心を満たしたい。女心は複雑です。

PART 5

不倫のご相談、世界共通、永遠のテーマですね。

特別相談

Manami Hashimoto

女優
橋本マナミ

×

Ferdinand Yamaguchi

恋愛投資家
フェルディナント・ヤマグチ

愛人キャラ、女優、結婚……
実は悶々と悩んでます。

Consultation #1

愛人キャラって、素直な意見を言っちゃいけないの!?

橋本さん（以下敬称略）　フェル先生、はじめまして。

フェル先生（以下敬称略）　はじめまして。お目にかかれて光栄です。

橋本　私も、いまちょうど悩んでいることがあるので、今日お会いできるのを楽しみにしていました。

フェル　お悩みでいらっしゃる。橋本さんにも悩みがあるのですね。

橋本　もちろんですよ。最初の質問は愛人キャラについてなんですが、このキャラのイメージが強すぎるからか、不倫の問題で「不倫はだめ」って私がコメントすると、「愛人キャラのお前が何言っているんだ、愛人に寄せてコメントを言え」って批判される……。

フェル それは、テレビを見ている視聴者の方から言われるのですか。

橋本 そうなんです、視聴者の方から。

フェル なるほど。視聴者から。

橋本 それを反省して、愛人キャラに寄せてコメントすると、今度は「不謹慎だ」って。だからいま、ちょっと迷走中なんです。先生は愛人キャラをどのように思われますか。

フェル 愛人キャラですね。女優さんにせよ、タレントさんにせよ、「芸能界」という括《くく》りで見れば、同じ職場で働いていることになります。マナミさんはいま、その職場のなかにおいて、非常に得難いポジションにいらっしゃることを認識してください。

芸能人は憧れの職業です。華やかな芸能界に入りたい人はたくさんいる。でも実際にデビューできる人は何万人に1人の確率です。そして漸《ようや》くデビューできたとしても、世間に名前を知られるようになる人はさらに絞られてくる。どんなキャラにせよ、厳しい芸能界のなかで、キチンとキャラが立つというのは実に得難いことだと思います。マナミさんはそれが確立している。とてもすばらしいことだと思います。

『日経エンタテイメント』という雑誌をご存知でしょうか。よく芸能人のランキングを付けたりしますよね。一般誌でも好きなタレント、嫌いなタレント、なんて特集を組んだりする。
橋本　はい。
フェル　あの手の記事を見ると、たいてい同じ人が両方の上位にくるじゃないですか。極端な場合、好きな人と嫌いな人のトップが同じ人になったりして（笑）。
橋本　あるある。本当にそうですね（笑）。
フェル　それはどういうことか。ともかく認知されているということです。こと芸能界においては、100人に好かれるよりも1万人に嫌われたほうがよほど価値がある。「良い人なんだろうけどよく分からない。聞いたことがない」。これは最悪です。芸能界に存在しないのと一緒です。「悪評も評なり」という言葉がありますが、人気商売である限り、スルーされるのが一番怖い。名前が出てくれれば、どんな振る舞いをしたって悪く言われます。嫉妬もありますから、これは避けようがない。そうであれば、悪評という票を投じてくれる人には「ありがとうございます」、とお礼を言ってもいいくらいです。そもそも視聴者でテレビ局にクレームを付けてくるような人が、橋本マナミ写真集を買うものでしょうか。おそらく買わないですよね。マナミさんがどんな発言をしても。

橋本　はい。たぶん。

フェル　だったら、それはもうゴーイングマイウェイでいきましょうよ。愛人キャラというのは、マナミさんのお年ごろからすれば微妙な立ち位置かもしれませんが、非常に得難いものであって、これをゼロリセットして、違うものを再構築となると、とても効率が悪いと思います。大変な遠回りです。いまのまま続けられたほうがいいと思います。

橋本　そうか……。

フェル　うん。

橋本　でも実は私、すごくエゴサーチするんですよ。

フェル　なるほど。ご自身の名前をググって……。

橋本　ツイッターとかに名前を入れてみると、すごく悪いことばっかり書かれているから、私、好感度まったくないのかなと思って。

フェル　なるほど。

橋本　何かそれって大丈夫なのかなって。心配になってしまって……。

フェル　大丈夫です。心配いりません。

橋本　大丈夫ですか。

フェル　まったくレベルが違うので、マナミさんと比較するのは失礼なのですが、私の物書きデビュー当時も、それはそれは酷《ひど》いものでした。いまでは日経のメディアにも書くようになりましたが、当初は週刊ＳＰＡ！で恋愛モノを書いていましたから、２ちゃんねるの餌食でした（笑）。

橋本　そうなんですか。

フェル　はい、初めのころは、合コン講座とか、こうやったらモテるよ、なんてことをずっと書いていたんです。

橋本　へえ。面白い。

フェル　そんな記事、恋愛から縁遠い人からすれば面白いはずがないですよね。モテない男性はムカつくわけです。そして2ちゃんなどに、「死ね、バカ」とか書くわけです。「ふざけやがって」と。有り体に言えば、彼らのモチベーションは〝やきもち〟なんですが、私は顔も隠しているから、「あいつの本性をあばけ」とかね。「あいつ、いったい何様のつもりなんだ」、「たいしたことないくせに」みたいなことがいっぱい。だんだんエスカレートしてくると、「ポルシェに乗っているけど中古じゃねえのか」、なんてね。よく思いつくなぁと（笑）。

橋本　ああ、ヒガミですね。

フェル　その通り。ヒガミです。マナミさんに対する批判のモチベーションも、そのほとんどがヒガミです。美人で有名でスタイルが良くて……。そりゃあ、ひがまれます。でも少し考えてみてください。テレビを見て局に電話をしてきたり、ネットにわざわざ書き込んだりするのっ

て、大変な労力ですからね。多くのネット業者は広告をクリックしてもらうために大変な苦労をしています。ほどんどの人は、クリックどころか次のページすらめくってくれません。電話をしたり文字を打ち込んだりするのは、メチャクチャ骨の折れる作業です。ネットの広告屋からすれば、本当に羨ましい話だと思います。だから悪口に対しても、「ありがとうございます」ですよ。

橋本　結構かかりますもんね、労力も。

フェル　かかりますよ。大変な手間です。ご苦労様です、本当に（笑）。いまマナミさんが恐れなきゃいけないのは、言われなくなること、書かれなくなることです。

橋本　そうか、何とも思われないってこと……。

フェル　そう。マナミさんがテレビで、「不倫なんか絶対いけない」と言って、それを誰も何も感じずにスルーされる方が絶対にヤバい。番組が終わった後にプロデューサーが青い顔で駆け寄ってきて、「マナミさん、100本も抗議の電話ありました」って言ってきたら、「やった。そりゃ、ごっつあんです」って言わないと。そして「応援ありがとうございますとお伝えください」ぐらいのことを言う余裕は欲しいですよね。まあ、それをそのまま実行するとまた炎上してしまうので、悩んだふりぐらいはしておいてもいいかもしれないですが。

橋本　はい。

フェル　種明かしをすると、実は僕もまったく同じことを先輩から言われたんです。

橋本　えー、そうなんですか。

フェル　やっぱり2ちゃんに書かれると嫌じゃないですか。悪く言われ、そりゃつらいですよね。

橋本　そう。

フェル　僕がエゴサーチをすると、「クズ」と「死ね」とかがバンバン出てくるわけですよ。

橋本　そう。死ねとかもね。

フェル　会ったこともない人に「死ね」って言われるんですよ。もう無茶苦茶です。普通に考えれば。でも、裏を返せば僕が何かのメディアに出るたびに、また書いた文が載る雑誌が発売されるたびに買って、読んで、わざわざ文句を書いてくれているわけで。

橋本　そうなんですよね。

フェル　彼らはやはり大事なお客さんなんですよ。そりゃ悪口を言われたら、こっちも

‘好きと嫌いって紙一重ですもんね。

人間ですから、「こんちくしょう」とは思いますけれども。反射的には。

橋本　好きと嫌いって紙一重ですもんね。

フェル　そう。本当に紙一重です。

橋本　気になっているっていうことですよね。

フェル　その通りです。だからマナミさんのことをアレコレ悪く言う女性だって、本当はマナミさんに対する憧れがあって、もしどこかで会うことがあれば、マナミさんの友だちになりたいんですよ。そうじゃなければ、いちいち言ってくるわけがない。本当は共感する部分もあるのだけれど、自分はテレビに出ることもできないし、そんなにきれいでもないし、チヤホヤされることなんか絶対にないわけだから、それらを実現できているマナミさんのことをとりあえずは悪く書く。毒を吐くということですね。受ける方としては、非常につらいことだけれども、そこは有名人が必ず払わなければならない〝有名税〟という部分もあるし、歪《いびつ》なファン心理という部分もある。そうしたことを仕組みとして理解をしたほうがいいかと思います。

橋本　なるほど。ありがとうございます。

Consultation #2

本命に愛されたい、そして結婚もしたいんですけど……。

橋本　次の相談なんですが……。

フェル　はい。

橋本　いま33歳で結婚願望があって、婚活しているんですけれど、出会った男性は私のことを遊び相手のように思うみたいで、付き合ってくださいともあんまり言われないですし、中途半端な関係でもOKなんでしょう、っていう感じで来るんですよ。

たしかにグラビアですごい脱いでいるし、キャラもそういうキャラだから分かるんですけれど……。

フェル　はい。なるほど。
橋本　あとは不倫してくださいっていうのも多いし。本当はそうじゃない人に来てほしいんです。本命に愛されるためにはどうしたらいいですか。
フェル　なるほど。とっても簡単な問題です。いま好きな人はいるんですか？
橋本　いま、好きな人はいないですけれど、気になっている人はいます。
フェル　この人と付き合っていけたら幸せだなとか、幸せになれるんじゃないかな、というような人は……？
橋本　でもな〜、幸せになれないだろうな〜って、そういう人しか来ないんです。
フェル　ごめんなさい。ちょっと厳しいことを言いますね。そもそもスタンスからして間違っていますよね。マナミさんの話を聞いていると、「付き合ってくれと言われない」とか、「男性の方から来てくれない」、「不倫目的の人しか来ない」とか。待ちの姿勢の発言が目立ちます。なんで待っているの。どうして待つばかりでいるのですか？
橋本　たしかに。なんで待っているんだろう。
フェル　ご自分がそこで窓を開けてボサッっと待っていたら、白い馬にパカパカまたがった王子様が、「マナミさーん」って、言いながら来てくれるとでも思っていらっしゃるんですか。そんなに世の中あまくないですよ。

橋本　あまくないですね。

フェル　失礼ながらあま過ぎる。

橋本　それは27までですね。

フェル　自分がグラビアアイドルで、セクシーに振る舞っていることを勝手に理由付けしてしまっている。それではいけません。マナミさんの周りにいる、いま彼がいて、あるいは結婚していて、幸せいっぱいですという女性の行動をよく見てください。動いていますよ、そういう人は間違いなく自ら動いている。

橋本　あとあれですか、お料理を作ったりとか。女性らしさを見せるというか。

フェル　うーん、もちろんお料理ができるに越したことはないのですが、それがすべてではありません。それよりもまず、自分は誰が好きなのか。その人とどうしたいのか。そちらのほうがはるかに重要です。マナミさんはとてもモテると思うんですよ。美人ですし頭もいい。何よりセクシーだ。でも、そのモテるというのは、マナミさんの目的を達成できる「モテ」とは少し違うんです。例えば、高校生のころに、男の子がバレンタインのチョコを100個もらったとしたら、これはモテた感じがしますよね。凄いや。あいつモテモテじゃん、と。

橋本　はい。

フェル　でも、一番好きな、大本命の橋本マナミからはチョコをもらえていない。それをモテる状態とは言い難い。

橋本　言わないですね

フェル　全然関係ない子に「ヤマグチくん、チョコもらって」って100個もらっても、食べきれないし意味がない。とても食べ切れないからと公園のゴミ箱に捨てて、それを見られて、「ヤマグチくん、ひどい人」なんて言われるのが関の山です。でも、一番好きな子からもらえて、それが唯一だったとしても、価値があるし、意味がありますよね。それこそが本当にモテている状態と言えるわけで。

橋本　ええ、本当にそうです。

フェル　そのためにはやっぱり、「僕は君のことが好きだよ、君は僕のことをどう思っているの」というやりとりが事前にあった方が可能性が高まりますよね。恋って何もないところから、ポコッと生まれることって現実にはあまりないので。白いお馬に乗ってパカパカ……、は来ないですよね。なかなか。マナミさんは何だか、17歳で恋愛に対する思考が止まってしまっているような気がします。乙女過ぎるというか……。

橋本　そうなんです。いままではこちらから探さなくても来てくれたんですよね。たぶん、その感覚が残っているのかもしれない。

フェル　それはね、年を取ってしまったというよりも、マナミさんが大物になりすぎてしまったからじゃないですか。多くの男は、お金の面も含めて「俺と付き合って釣り合うんだろうか」って思ってしまいますよね。マナミさんのお給料は存じ上げませんけれど、普通のサラリーマンでは所得の面で釣り合わないですよね。だからどうしても気後れしてしまう。女医さんがなかなか結婚できないのと似ています。

橋本　優秀で頭が良くて、お金もあって。うん、たしかに。

フェル　でも女医さんたちは、「同業者はいやです」ってよく言うんです。それじゃいったい誰とするの?と。

橋本　そうですね。

フェル　そうするともう、相手はうんと限定されてしまう。そうこうしているうちに、気が付いたら結構なオバサンになっちゃった、という方が、わりと多かったりするんです。現実に。

橋本　う～ん。笑えないわ。とても他人事とは思えない（苦笑）。

フェル　50歳ぐらいになって、飲み会かなんかで「私、全然寂しくないから」、とか、聞いてもいないのに話すんです。いや、寂しくない人は、わざわざ他人に「寂しくない」って宣言しませんから、と（笑）。つい先日もありましたけど。

橋本　ありそうありそう。でも笑えない……。

フェル　そういう人たちを見ると、自分から動いていないし、何か譲れないところを強くもち過ぎている感じがします。

橋本　そう。だから、理想がどんどん上がってきちゃって。

フェル　うん。でも理想が上がること自体は良いんです。

橋本　え？　良いんですか。

フェル　良いです、良いです。誰だって良い人と結婚したいじゃないですか。

橋本　そう。

フェル　だけど、そこにマッチングできる自分は何なのか、というのが問題なんです。自分は本当は誰が好きなのか、その人に対して自分はどのようなアクションを取っているのか。少なくとも「あなたは他の人たちと違う」という意思表示をハッキリ取るべきです。ゴハンに行きましょう、という誘いだって、女性の方からアクションしていいんですよ。

橋本　それは伝えています。
フェル　伝えている？
橋本　はい。
フェル　それが正しく相手に伝わって、正確に理解されているのかどうか。「またまたー。マナミちゃん。みんなにそんなことを言っているんじゃないのー？」とか、変なふうに疑われてしまう可能性もある。相手の方がどのような立場の人か分かりませんが、向こうも半信半疑なのかもしれないし、失礼な言い方をしますがキャスティングボードを握る人であれば、営業トークだと思われているかもしれません。そのあたりをよく見極めたうえで、ご自身でアクションを起こすということも大事だと思います。

橋本　はい。

フェル　いまはあまり起こしていないのでは？

橋本　結構起こしてはいるんですけれども……。例えば、去年気になっていた人がいて、その人とは友だち期間が2年くらいあったんですよ。あるとき、私からご飯に行きたいって何回も誘った

んですが……。

フェル　なるほど。自分から言った？

橋本　でも、そこまでしか私は言えなくて、好きだよとか、付き合いたいって一切言えなかったんです。

フェル　そこまでは言わなくていいでしょう。

橋本　言わなくていいですか。

フェル　うん。

橋本　ふたりで行きたいって言ったんですけれど、彼は友だちの……。

フェル　誰か呼ぶ？みたいな。

橋本　そう。でも結局、じゃあふたりで行こうかってなったんですけれども、8回くらいご飯に行っても何もしなかったんですよ。

フェル　8回も女性から誘われてデートをして、何もないのはちょっとおかしい。手も握らない？

橋本　握らないです。

フェル　あーもう。もたもたするなって感じですね。

Manami Hashimoto / Ferdinand Yamaguchi

Consultation #2

本当に愛されたい、
そして結婚もしたいんですけど……。

橋本 そう。それでもういいやって、気持ちが離れちゃったんです。

フェル それは期待値が低いですね。せめて3回目のデートで、おでこにチューぐらいはしてほしいですね。

橋本 そう。友だち期間が長過ぎて、友だちとして誘っているのかなと思ったのかなって。

フェル ある段階で、女性から言葉に出したっていいんですよ。

橋本 うーん。

フェル 私はすごくあなたが好きだから、ご飯に一緒にいかない？とか。

橋本 言えない。それは言えないです。

フェル それを言わないと。

橋本 それは言えない。

フェル あれができない、これができない。でも彼氏は欲しいじゃ通りませんよ。

橋本 恥ずかしい、そんなもう。

フェル そこは頑張って言ってみてください。女性から好きと言ったっていいんですよ。

橋本 そうなんだ。男性って気付かないもんなんですかね。

ふたりになっちゃうと、すごい壁を作るんです。

フェル　気付かないふりをしている可能性はありますね。そのへんは女性と一緒です。相手の気持ちはもう十分に分かっているのだから、いい加減になさいよ、という部分もあるのですが。一方で、自分から誘ったんじゃない、自分からコクったんじゃない、という初めから逃げ道を作っておくずるい部分もあるかもしれません。付き合うにせよ別れるにせよ、どっちから言ったって結果的には全然関係ないのですが、その「どっちが最初に問題」にこだわる男の人もいたりします。いずれにせよ、男女のどちらから言ったって全然いいんです。マナミさんは、どうして自分から言えないのですか。恥ずかしい？　プライドの問題？

橋本　なんかね、私、結構意外に純粋なんですよ。

フェル　それは分かります。お話ししていて。

橋本　たぶんこれもだめだと思うんですけれども、ふたりになっちゃうと、すごい壁を作るんです。相

手が来る隙も与えないくらい壁を作っている場合もあって。

フェル　なるほど。ふたりでいるのに、せっかくご飯も食べているのに、ご飯だけオーラというか。

橋本　で、2軒目のバーに行っても、近寄らないでね、みたいな。

フェル　出すんですか。

橋本　出すんです、結構。気になっているのに。

フェル　それは精神的ベルリンの壁ですね。崩しましょう。でもなぜそんな壁を？

橋本　もともと男性が苦手なので、たぶんそういう壁だと思います。

フェル　なるほど。でも、こうやって普通に話せているのだから。

橋本　はい。あと……。男性と仲良くなって、友だち以上恋人未満になって……。

フェル　楽しい時期です。一番楽しい時期かも。

橋本　そう、楽しい時期ですよね。体の関係もあって。でも、向こうもこっちも付き合

いましょうっていうのを言っていないときに、女性ってこれってどういう関係なの？みたいに思う人は多いと思うんです。でもそれはＯＫなのか。

フェル　うーん、それは本当にケースバイケースで、聞くだけヤボということもあるのですが、やっぱり女性は言葉で確認をしたいですよね。

橋本　したがるんですよ。

フェル　でも、男は男で待っているんです。女が向こうから言ってきて、ヤらせてくれる日を待っていたりもするんですね。こうなるともう、お互いに待っていることになる。それじゃ永遠に合わないですよ。どちらかが乗り越えなければいけない。古来それは男の役目だったのですが、こう時代が変わってくると、女性の方からもアクションを起こさないと何も進まなくなってしまう。

橋本　男の人ってヤるために、そういうことを言ったりしますよね。

フェル　ええまあ……、言いますかね。

橋本　言葉だけでね。

フェル　そこはやっぱり場数を踏んで選球眼を養っていただいて、相手をよく観察して、その真剣度合いを見極められるようになればいいのだと思います。

いずれにしても先ほどの件と共通して言えるのは、自分からアクションを起こして、話をしていって、お、これは？と思ったら「私たちって付き合っているって感じ？」って聞いてみる。「え、そうじゃないの？　いちいち言葉にしなきゃ分からないの？」って言うかもしれないし、「いや、違うよ」って言うかもしれないし……。

橋本　違うよって言った瞬間、もうお別れですよね。お互いに。

フェル　そうですね。ハッキリ違うと言われたら、もう芽はないですね。

橋本　そういう人は昔いたんですよ。このままでよくない？みたいな。

フェル　それはずるいな。

橋本　ずるいですよね。

フェル　ずるい人はあらゆる局面で常にずるいので、友だち以上恋人未満の段階でズル男と分かってむしろ良かったじゃないですか。あとはまあ年に1回くらいはゴハン食べようよ。こっちも年賀状くらいは出すからさ、ぐらいでいいじゃないですか。

橋本　そうですね。たしかに。

フェル　そう思います。

Consultation #3

実は男性だけ
じゃなくて、
同性からも
認めてほしい
願望があるんです。

橋本　じゃあ、続いてもうひとつ。

フェル　はい、いきましょう。

橋本　これから芸能活動を続けていくうえで、やっぱり同性のファン、同性の支持を増やしたいんですよ

フェル　なるほど。同性のファンを。

橋本　どうしたら、そういうふうになっていくと思いますか。

フェル　そのためのアクションを、意識して女性ファンを増やすんだという気配を絶対

に出してはいけないと思います。特に女性ファンというのは、「女性受けのための行動」を取ることを敏感に見抜きます。

橋本　たしかに。いやらしいなって。

フェル　それが匂ってしまったら、女性ファンはますます離れてしまう。いまのマナミさんは、それをまさにやろうとしている感じ。女性に受けるための発言をしたり、アクションを起こしたりしたら、いままでの橋本マナミと微妙にずれるわけで、それをやり出した瞬間に、女性のなかには敏感に見抜いて、「また橋本はウケようとして」とか「ずるい、せこい、信用できない橋本マナミ」って。それはマイナスにしかならないと思うんです。愚直に、真摯《しんし》に、いまの仕事に取り組んでいくのが一番だと思います。

映画「光」を拝見しました。女優さんとしてきちんと見せていただいたことがなかったので、こういう演技をなさる方なんだな、と感心しました。とても凛としていて、清楚な女性というイメージ。

橋本　ありましたか。

フェル　ありましたね。お顔をゆっくり見たのも初めてだったので、先入観なくそう見えました。セクシーな方ということは文字情報として認識していましたが、先入観なくあの映画を見たら、普通に清楚な女性が、思い切って体当たりの演技をされている。そんなイメージができたと思うんですね。

無責任な言い方をしますが、本当になるようにしかならないので。ムリヤリにイメージの転換を図ろうとしても、それはとても難しいし、逆に遠回りになってしまうと思うんです。例えばこれからマナミさんが気象予報士の資格を取って、お天気お姉さんになるというのも何か変ですよね。何かものすごく無理がある。

橋本　そうか。プロセスを自分の高みに上げられるように。

フェル　そうそう。どういう女優になりたいかっていうのはあると思うんです。例えば目標にしていらっしゃる方とかは……。

橋本　私は日本人でいうと木村多江さん。

フェル　木村多江さん。どういう方だろう。

橋本　いろんな役をこなされる。主役もやられてはいるんですけれども、それよりもどんな色にでもなれる女優さんというイメージです。

フェル　どんな色にもなれる。人殺しにもなれるし、天使みたいにもなれるような人。

橋本　そう。

フェル　なるほど。すごく勉強されて、努力もされているのでしょうね。そういう方は。

橋本　そうですね。

フェル　映画はいっぱい見ていますか。

橋本　仕事が忙しいとなかなか。でも、時間があるときは舞台を観に行ったり、映画を観に行ったりしています。

フェル　ああ、いいですね。それは。やっぱり、僕もさまざまな雑誌に書いているので、文章をよく読むんですよね。例えば今回の選挙で民主が分裂して希望に吸収されてゴタゴタ揉めていますけれども、それも安倍さんが悪いとか小池さんがズルいとか一方的に見ないで、朝日も読むし、サンケイも読む。さまざまな角度から分析しなければいけません。やはり勉強は欠かせないんです。

女優さんにも勉強は絶対必要なわけで、他の映画でどう演じているかっていうのはいっぱい勉強されれば、次第に実力が付いて、そうなるともう男受け女受けもなく、「橋本マナミはすごく良くなったよね」ってなるんじゃないかと思うんです。あるタイミングで誰かがそう言い出したら、いや、実は俺もそう思っていたとかって人がどんどん増えてくる。
橋本　そうですね。
フェル　勢いがついてくれば、世の中は「俺は2年前から良いと思っていたんだから」とか「目を付けていたんだ」なんて平気で言いますからね。でも、そのキッカケは、ある日突然スコーンと来るので、その日のために着実にやっていかないといけません。
いま、何を言ったら世間の評価が上がるかしら、どんなインスタを上げたらウケるかしらっていうことばかりを考えていてはいけません。きちんと女優さんの勉強を重ねていけば、2年後、3年後には、すごい差がつくと思います。何か道徳の先生のような、ありきたりの訓話みたいなことを言いますが、これは本当にそうなので。
橋本　そうか。人の目を気にするより自分を高めるための勉強をするっていうことですね。
フェル　きれい事になってしまうかもしれませんが、最終的にどんな業界でも、作家でも、写真家でも、女優さんでも、基礎をきちんと積んでいる人っていうのが最終的に絶対、絶対、生き残るので、それをお伝えしたいです。
橋本　いま、こうやってテレビのお仕事をたくさんもらえるようになると、自分を高めるより、どう見られているんだろうって思うほうが強くなっちゃっていて。たしかに見失っていたかもしれないです。そっちばかり気にしちゃっていたかも。

フェル　そっちばっかり気にしていても、日々は過ごせるわけだし、とにかくテレビで見てもらえば、「あー、橋本マナミね」とはなるわけで。街を歩いているだけで指をさされるのは困惑するけれど、一方でそれは嬉しいことでもある。すっぴんで街を歩いているときに、誰にも分かってもらえなかったら、歩行者を捕まえて、「ちょっとちょっとお母さん。お母さんの家にテレビはないの?」って言いたくなっちゃうでしょ。

橋本　はい。

フェル　そこはまあ微妙なところなんですけれども。でも、その間でもちょっとずつ、1日にちょっとだけでも、1日1個でも積み重ねていければ。

橋本　なるほどね。そうですね。見失っていましたね。

フェル　1日1個は絶対できるはずなので。CM見ても、あれ、内田有紀ってこういうふうに笑う人だっけ?って感じれば、それをちょっと盗めたりもする。それはやるべきだと思う。マラソンやる人は、やっぱり走りこまないと速くなりませんから。それと一緒です。

Consultation #4

いまはタレントとして充実した毎日ですが、初志貫徹、女優業をメインにしたいんです！

橋本　最後の相談なんですが……。

フェル　はい、どうぞ。

橋本　私はいまタレントとして活動しているんですけれども、もともとは女優業をメインにやりたいんです。最近は、お芝居のお仕事はもらえるようにはなってきたんですけれど、やっぱりタレントとしていま話題の人だからこの役をあげようとか、そういうのがすごく多いんですね。

フェル　今回のあの映画もそうなんですか。

橋本　「光」に関しては違います。
フェル　あれはどのような経緯で出演依頼が？　監督さんの指名ですか？
橋本　はい、監督さんです。監督さんのことが昔から大好きで、ワークショップにも通っていました。それで今回名前を出してくださって決まった役だった。そういうご縁だったんです。
フェル　ワークショップに自分で通っていたのですか。
橋本　はい、そうです。監督が演劇を。
フェル　あの監督さんは、俳優もやる方ですよね。
橋本　俳優もやっていますね。下積み時代、まだ仕事がなかったときに結構そのワークショップに通いました。
フェル　今回は、それが功を奏したわけですね。
橋本　そうなんです。
フェル　それがまさしく、努力の積み重ねじゃないですか。単純にいま、お忙しいと思いますけれども、そのなかで積み重ねていくしかないですよね。あとは、グラビアアイ

ドル、タレントとしてのお仕事の問題。お話から察して、セクシーな格好するのは徐々に控えていきたいのでしょうけれども、いかんせんそれでは多くのファンを失望させてしまうことになる。マナミさんの水着姿に期待をしている人がいっぱいいるわけですから、それは自分が許す限り、見せてあげればいいと思うんです。今回の映画、失礼な言い方かもしれませんが、橋本マナミさんってこんな演技ができるんだと驚きました。この映画を観た人たちも、同じように結構びっくりするのではと思うんですね。そこからまたきちんとフォローし、積み重ねていけば、また違うオファーが絶対にくるはずです。

橋本　そうか。そのときのために、またお芝居を高める。

フェル　そうです、そうです。でもいまお忙しいからお稽古ってなかなか難しいですよね。

橋本　でも、ときどきやっていますよ。ワークショップにも行ったり、レッスンしたり。

Manami Hashimoto / Ferdinand Yamaguchi

Consultation #4

いまはタレントとして
充実した毎日ですが、初志貫徹、
女優業をメインにしたいんです！

フェル　やっていらっしゃる。すばらしい。その努力を、どこかの誰かがずっと見ていますよ！　この子はこういうことやりたいんだって見ている人は必ずいます。それに向けて、マナミさんも声を挙げ手も挙げつつ。

橋本　はい。

フェル　期待してくださっている人のなかには、多少はいやらしい気持ちで待っている人もいるのでしょう。でも、それはそれでマナミさんのお陰で満たされているのですから、自分の気持ちが許す限りは見せてあげればいいなと思います。グラビアに出ることを批判的に見て、女優業を含めて不当な評価をする人は、物事の良し悪しを評価できないパーですから、放っておけばいいと思います。

橋本　はい。ありがとうございます。それも含め、すべては人間力ですね。私、何か違和感があって悶々と悩んでいたんですが、今日相談できてすっきりしました。すごい元気になりました。

フェル　お役に立てたのなら良かったです。ありがとうございます。

橋本　ありがとうございました。

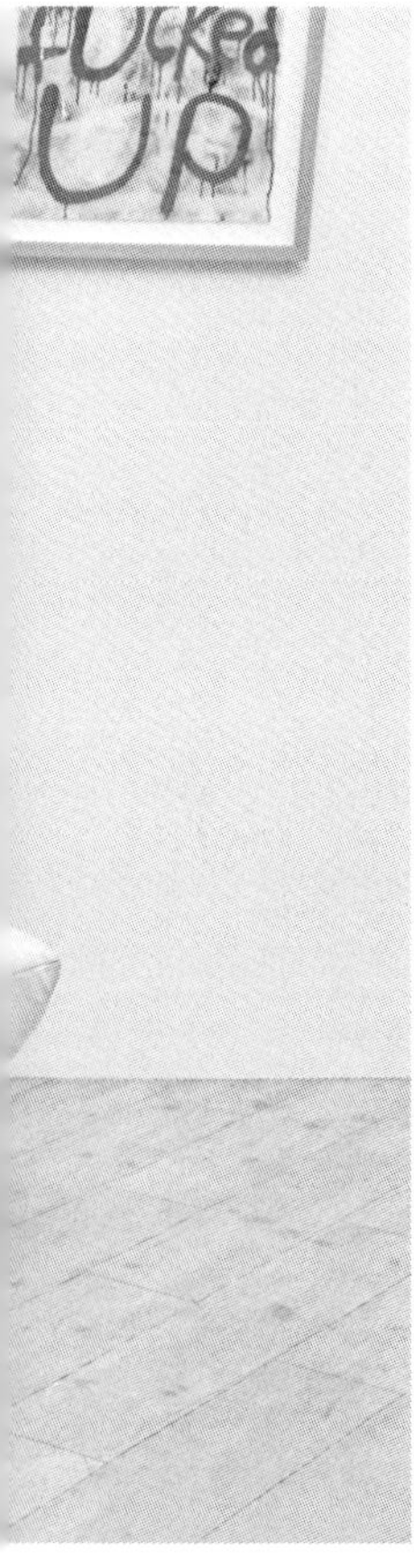

Manami Hashimoto

女優
橋本マナミ

Ferdinand Yamaguchi

恋愛投資家
フェルディナント・ヤマグチ

お悩みに、
たしましょう。

PART 1

人に聞きにくい優しくお答えい

“世の中、私だけ？”そんな風に思ったら、悩み事も心配事も、相談どころか誰にも打ち明けられませんよね。でも心配いりません。イカない彼氏のことにも、経験多数のあなたの心配にも、そして二股どころか五股の紳士熟女の懺悔にも、フェル先生がそっとアドバイスします。

Case 1

草食系の彼氏がイキません。もっと充実したセックスをしたいのに……。

26歳の彼と付き合っています。

私は彼のことが大好きで、もっと体を重ねたいのですが、彼は性欲が旺盛なタイプではないようで、遠距離恋愛中なのに、1週間会えたとしても、その間に1回セックスするかしないか、という状況です。その1回のセックスも、私がだいぶ迫って成就というなりゆきです。

さらには私とのセックスで彼は一度もイッたことがありません。遅漏というべきかわからないのですが、1時間以上挿れても終わらず、私の方が痛くなるか出血して中断する、フェラをしても（全力を振り絞って強く握るまたは吸わないといけないので）体力がもたず中断してしまいます。

彼自身は私のことをとても愛してくれているし、勃起もします。ただイカないのです。

一度も。女性経験は私以外にないようです。イカないことについて話し合ったほうがいいのか悩んでいます。

男性としては、このあたりのことを言われるのはプライドが傷つくのではと思いますが、一方でパートナーとの性生活を重視する私としては、もっと充実したセックスをしたいのです。

一度、そういう雑誌（セックスを良くする的な特集）を渡してみましたが、興味はなさそうでした。

彼に対し、私はどういうアプローチをすればいいのでしょうか？　どうかアドバイスをお願いします！

（30歳・女性・会社員・シロー）

Answer

4歳年下の遠距離恋愛の彼氏とセックスレスに近い状態が続いていると。26歳といえば、〝一般的〟には「穴があったら入れたい」状態のヤリたい盛《さか》り。来る者は拒まず去る者は追う。掘って掘ってまた掘って……と炭坑節よろしく日夜性行為に励み、森羅万象、世の中のすべてをセックスに結び付けるお年ごろである……と考えてしまいがちです。あくまで〝一般的〟には。

セックスは本当に人それぞれです。これほど個人差が出るものも珍しい。性欲そのものを脳内で昇華させてしまい、一切異性を求めない10代もいれば、毎週土曜日の夜に、キッチリ奥様とのセックスを楽しまれていた70代後半の人もいるのです（すでに亡くなってしまいましたが、私が通っていた高校の体育の先生です。当然相手も70代の婆様です。いやエラいもんです）。

男の世界では、「セックスの回数が多い方がエラい」とされています。少ないヤツは即ち男性としての能力が劣る〝ダメなヤツ〟と見られてしまう。ですがこれ、（少ないとされる）人からすれば、まったく大きなお世話さまです。当人は月イチのセックスでも十分に満足しているのですから。

性欲は食欲に似ている部分があります。朝昼晩とキッチリ食べたうえに10時と3時のオヤツを欠かさず、さらに飲んだ帰りにラーメンを啜る人もいれば（昨日の私です）、朝はヌキで昼はコンビニの春雨スープ1杯、夜もコンビニ弁当でお腹イッパイという人もいる。春雨くんが私に、「お前、そんな少ない量で足りるのかよ」と言われても、彼は困惑するばかりです。だって彼は春雨で十分に満足しているのですから。


シローさんの彼氏は、決して性的能力が劣っているわけではありません。あなたが求めれば、ちゃんと勃起して挿入に至っている。1時間も勃起状態を維持できるというのですから、むしろ彼は強い部類に入るでしょう。

問題はふたりの〝現段階での〟相性にあります。

ある程度の人数をこなしてくると分かりますが、セックスには明らかに〝相性〟というものがある。

Answer

常識人のセックスは、そこに至るまでの「精神的な信頼関係の構築」が重要です。この女性を抱きたいという男の気持ち。この人に抱かれたいという女の気持ち。それが昂ぶってふたりは結ばれる。精神的な相性です。

そこからさらに、肌の相性、筋肉の相性、関節の相性、体臭の相性、声の相性、そしてもちろん性器の相性というものがある。

およそ人間の五感を総動員して、「男女の最高の接点」として至るのがセックスです。当然普通の人間関係以上に〝相性〟が重要になってくる。

この「相性の壁」を乗り越えるのには時間が必要です。技巧を学んでも、またどんな薬剤を用いても、短期的に解決することは難しい。

ですが落胆してはいけません。人間関係の相性と同様に、時間をかけて〝磨り合わせ〟をしていけば、必ず相性は良くなっていく。そのためには、男性側の心理を理解しておく必要がありましょう。

男性は自分が射精するよりも、女性にイッてもらうことがはるかに重要です。若いシローさんは未だ見えていないかもしれませんが、セックスのゴールは決して射精ではないのです。射精の呪縛《じゅばく》に取り憑かれてはいけません。まずは思うさまにご自身が感じることです。

いまの段階では、自己中心的に楽しんでください。男からすれば、女性に気を遣われるセックスが一番シラケるのです。そのシラケが相手に伝わって、双方慮《おもんばか》って負のスパイラルに陥っているのが、いまのおふたりです。

もっと気楽に、もっと大らかにセックスを楽しんでください。

年単位の時間はかかりますが、まずはあなたの〝気の遣い過ぎ〟をなくせば、事態は好転していくと思います。

あ、ムリなフェラはやめたほうがいい。あれもシラケます。正直な話。

「まずは……。

フェル先生の**ズバリ**ひと言。

「さわやか人生相談」と銘打った本の、冒頭を飾る相談がコレですからね。単に色懺悔を集めたエロ体験集ではあるまいか……と落胆なさった方がおられるかもしれません。でもご安心ください。後半でマトモな相談と回答も出てきますので。

Case 2

40人と寝たけれど……、セックス依存症でも幸せになれますか？

はじめまして。

早速ですがお悩み相談をお願いしたいと思います。

処女と非モテをこじらせ、昨年、出会い系サイトで出会い、1年以上の片思いをしていた方にヤリ捨てられるという形で処女喪失しました。

以来、セックスを用いれば男性が一緒にいてくれる、自分がお付き合いできないレベルの男性と遊べる、モテない女である私を褒めてくれる、ということに加えて、慢性的な寂しさと強すぎる性欲から、セックス依存症になってしまいました。

処女喪失をして1年半ですが、40人近くの方と交わりました。

私の外見は、高身長で、スタイルは良い方で、クールな顔付きをしています。男ウケしない外見を無理にゆるふわにする努力にも疲れ、現在は黒髪ショートカットでモノトーン系のパンツスタイルなど、自分の好きな格好をしています。

セックスをすることで自分の女性性を消費し、メンヘラクソビッチでいることでしか、自分の性別と共存できない自分がいます。

寂しくて寂しくて、自分に自信がなく、男性とお付き合いをしたことがないことが長年大きなコンプレックスだったのですが、現在はなんとなく遊べているのでめんどくさくなり、リア充への呪詛《じゅそ》は大分マシになったようです。

現在はセフレを県内3人、7都市に各ひとりくらいにまで拡大することができたのですが、このままでいいのかと思うところがあります。

恋愛を経験したことがない自分は、味気ない人生なのでしょうか。

長文になりましたが、回答いただけると幸いです。よろしくお願いいたします。


（23歳・女性・学生）

Answer

人に言いにくいことを、よくぞここで私に相談してくださいました。とても勇気の要ったことでしょう。ありがとうございます。

でもこれだけの勇気があれば、あなたはいまの泥沼のような暮らしから絶対に抜け出すことができますからね。もうひと絞り勇気と元気を出して事態に真剣に取り組んで、なるだけ早く平穏な暮らしに戻れるようにしていきましょう。

ご自身でも述べられていますが、あなたはいまセックス依存症の状態にあります。あなたと同じような悩みをもつ女性は実はとても多くて、人口の3％程度は存在するという研究結果も出ています。

セックス依存の他にも、アルコール依存やギャンブル依存、あるいは買い物依存など〝何かが原因で何かに依存してしまう〟人は実に多いのです。そのまま依存に溺れて人生を台なしにしてしまうか、努力して依存生活から抜け出して幸福を取り戻すか。すべては自分次第です。

そう、あらゆる依存症は人生を台なしにしてしまうのです。アルコールやドラッグは分かりやすいでしょうが、セックス依存も過ぎると間違いなく人生を誤ります。

不特定多数の男とヤりまくるわけですから、まず性病に罹るリスクが非常に高い。望まない妊娠をしてしまうこともある。避妊はキチンとしていますか？　ピルではなく必ずコンドームを使いましょう。相手は善人ばかりではありません。先々望まないセックスを強要されたり暴力を受けたりする可能性もあります。相手が既婚者で法的にモメることもありましょうし、バカ男がストーカー化する可能性も否定できません。母数が増えれば、それだけ「変な人」も多くなるのです。

そして何より、「ヤリマン女」と世間からいわれるのはうまくない。いわゆる「社会的信用」は間違いなく失落します。

あなたはご自身がセックス依存になった原因を「処女喪失の相手にヤリ捨てられた」ことにあると分析されておられますが、私は別のところにあると思います。幼少期にご両親が離婚されたとか、性に関してショッキングな光景を目にしてしまったとか、

Answer

何か思い当たることはありませんか？

自分の心から決して目を離さず、冷静に自己分析してみる時間が必要です。

あなたは自分との対話を避けている。

自分の最高の理解者は自分自身であることを忘れてはいけません。

ご自身のこと見つめ直し、自分の良いところを無理矢理でも発掘し、自分をうんと褒め、愛してあげなければいけません。

自分を愛せない人間は、人を愛することなど絶対にできません。そして人を愛せない人間は、人から愛されることなぞ未来永劫あり得ない。この極めて単純な仕組みに一刻も早く気付いてください。

「メンヘラクソビッチ」、ですって？　若い女性が軽々しく自分のことを卑下するもんじゃありません。あなたが他人に同じことを言われたら、どうします。馬鹿にするなと言って激怒するでしょう。そんな酷いことをなぜ自分に言うのですか。自分を馬鹿にするのも大概になさい。

セックスはたしかに気持ちがいい。脳内麻薬がバンバン分泌されますから、つらいことや悲しいことからも一時は解放されます。ですが本当に愛する人とのセックスはその何百倍もの快感と充足感を得ることができます。

リア充を呪っているヒマがあるのなら、じっくり自分の心と対話をしてください。そうすれば必ず素敵な恋が見つかります。いまのままでいると、味も素っ気もない人生になることは間違いありません。

ここががんばりどころです。おつらいでしょうがしばらく安易なセックスは封印して、自分の心を見つめ直し、自分を大切にするように心がけてください。そうすれば必ず素敵な彼氏が見つかります。

from Mr. Ferdinand

「SEXはほどほどに。

フェル先生の ズバリ ひと言。

1年半で40人と、風俗嬢もそこそこのハイペースで着実に数をこなしておられますが、なに、私の若いころに比べればこれくらいの人数は物の数にも入りません。まあでも女性は何かとリスクが高いので、ほどほどに、ね。

Case 3

大学院生の彼氏を男として見れなくなり、ついつい上司や先輩5人と関係を……。

フェル先生初めまして。いつも本当に楽しく読ませていただいているフェル先生の大ファン25歳の女です。私の相談は自分の将来についてです。

いま私には大学時代から5年ほど付き合っている彼氏がいます。私に尽くしてくれる本当にもったいないぐらいの優しい彼氏です。そして私は大学院に進む彼より一足先に就職し、彼の就職を待ってこのまま結婚するものだと思っていました。

ところが就職してからは周りの環境の変化によって、自分のなかで惹かれる男性の価値観が大きく変わってしまいました。いままでは優しく尽くしてくれるMっ気のある人がタイプでしたが、頼り甲斐があって意地悪なSっ気のある大人の男性に惹かれるようになりました。

彼氏はまだ学生で、頼りなく、自分では何も決められないタイプなので彼がセクシーに感じられなくなり、夜の行為もしたくなくなりました。そしてその分の性欲を他で晴らすように、上司や先輩5人と誘われるがまま体の関係をもつようになってしまいました。

もともと経験人数は多くありませんが、気持ちいいことは好きですし、浮気もそんなに抵抗がなかったので割り切っています。

仕事でつらいときにちょっと慰めてもらう程度の感覚なので、5人と本気で付き合う気はさらさらありません。ですが、今の彼氏と結婚するとなると、この5人との関係のせいで彼への一生の愛を証明できない気がします。

彼氏には結婚の話などをされるときもありますが、事実として夜の営みはほとんどないですし、環境の変化で私の価値観も変わったことが原因、彼は悪くないとわかっているのですが、何ひとつ変わらない彼にイラついてしまうことさえあります。

いまの彼氏よりも素敵な人はいないと理性でわかっていながら、本能では彼を男として見れなくなってきていると思うのです。

彼を男として見れるように努力をしてこのまま彼と付き合い続けるべきでしょうか?

それとも、もう別れてしまって、5人のことも忘れて、新しい人を探すほうがいいのでしょうか?

もしくはひとりに絞らず楽しい体の関係だけは続けて、ふらふら独身を貫くのもいいのでしょうか？

そろそろ決断しなければならない年齢かなと思いますのでフェル先生の見解とアドバイスをいただければと思います。どうぞよろしくお願いします。

（25歳・女性・会社員）

Answer

25歳のお嬢さん。「経験人数は多くありませんが」と仰《おっしゃ》いますが、なに、短期間に5人もの男を食い散らかしておられるのですから、あなたは立派なヤリマンです。しかもお相手の男性が職場の上司や先輩ばかりというのですから振るっている。周囲にバレていないとタカをくくっておられるのでしょうが、そう思っているのはあなただけです。影ではサセコだの公衆便所だのとありがたくないあだなで呼ばれていることでしょう。当欄で繰り返し述べていることですが、同じ職場の人間と性的関係を結ぶのは賢明な人間のすることではありません。

あなたがヤッた相手は、間違いなくあなたとの関係を〝仲が良く口が固い、たったひとりの誰か〟に口外する。聞かされた〝誰か〟は、同じように〝仲が良く口が固い、たったたひとりの誰か〟にそれを伝える。

2番目の〝誰か〟からすれば、もはや単なる二次情報です。その先は面白おかしいゴシップとして、アッという間に職場に拡散していきます。学生時代のバイト先ならいざ知らず、これから先も長く勤めるであろう就職先で性的関係をもつのは、事ほど左様にリスクの高いものなのです。一歩社外に出れば、何百万人もの異性が腕をさすって出番を待っているというのに、なぜあえて危険な橋を渡るのか。私にはまったく理解ができません。

と、お小言は大概にして、本題へとまいりましょう。

学生時代から交際していた彼氏が頼りなく見えてしまうと。

そしてSっ気を感じさせてくれる職場の男性諸君が頼もしく見え、誘われるがままにユルッと抱かれている、と。

こうなってしまうのは、あなただけではありません。洋の東西を問わず、学生から社会人へ移るステップで、誰もが経験する〝通過儀礼〟のようなものなのです。院生の彼が不甲斐なく見え、会社の先輩諸侯がまぶしく見える。これは当たり前です。暮らしを背負って仕事をする、すなわち〝社会人になる〟とはそれほど重く厳しいことであるのです。

学生時代から交際していたカップルで、女性が先に社会人になると、多くの場合、その関係は破綻します。これは社会の仕組み上、避けようがないことです。そこにあなたのヤリマン気質が加わっているのですから、これはもうどうしようもない。

あなたが「彼を男として見れるように努力」をされることは、まったくの徒労に終わると思います。彼との関係は、遠からず消滅するでしょう。無理に関係を修復する必要もありません。流れに逆らわず、自然体で構えていれば宜しいかと思います。

あなたがやや自暴自棄気味に仰っている、「ひとりに絞らず楽しい体の関係だけは続けてふらふら独身を貫く」ライフスタイルですが、これは決して悪いことではありません。長い人生の一部分を、好き放題にヤりまくって享楽的に過ごすのも、マイナス要素ばかりではないのです。一生ふらふらするのは考えものですが、30歳位までは思い切りハジけてしまってもいいと思います。数をこなさなければ見えてこない世界もありますし、いまの状態が楽しく充実しているのでしょう?

繰り返しますが、ハデに遊ぶにしても社内の男性はやめたほうがいい。遊ぶなら社外でヤってください。

25歳は「そろそろ決断しなければならない年齢」ではありません。あと5年バンバン遊び倒して、それからまた考えればいいじゃないですか。まあ3年もすれば遊びにも飽きてしまって、スルッと(何も知らない)新規の男性と結婚されるような気がしますが。

いまの時期はあまり深く考えず、(社外の人間と)好きなように遊べばいいでしょう。

「五股!?

フェル先生の**ズバリ**ひと言。

実は同様に、女性部下5人と関係をもった男性からのご相談にもお答えしたことがあります。その当たるを幸い女性を口説きまくるヤリチン塾経営者に、誘われるがままに股を開くヤリマンOL。どちらに何を言っても無駄だと思うのですが、セックスは外でやりましょう。職場に持ち込んではいけません。

らみの悩み、
しょう。

PART 2

男の悩み、男がズバッといきま

cakes『フェル先生のさわやか人生相談』では男性に関するご相談も少なくありません。不埒な欲望、男性が心乱される風俗について、夫の経験不足、夫の体臭……。女性にとっては妄想するしかない男性の真実を、フェル先生が優しく教えます。もちろん、男性も必読のお話です。

Case 4

彼女と結婚したいけど、結婚後もいろんな女性と遊びたい。

いつも相談の回答を楽しみに拝見しております。

私は、現在結婚を前提とする彼女（39歳）がいます。その女性ともうそろそろ結婚するべきか迷っているところです。彼女は性格も、見ためも申し分なく、「結婚するならこの人」と思える女性です。

ただ、躊躇《ちゅうちょ》してしまうのは、彼女の存在を隠し、飲み会などで知り合った他の女性たちとデートしたり、楽しくすることができなくなってしまうのが、もったいなくて、結婚を躊躇《ためら》ってしまう理由なのです（既婚者となりモテなくなるのではと、自由な時間がなくなるのではということです）。

30歳代半ばまであまりモテず、ここ最近いろいろと知り合った女性たち（30歳代）から、いろいろとお誘いを受けてデートなどしたりしてます（もちろん彼女がいることは知りません)。

とてもそのことは楽しんでいます。

フェルさんは結婚して、子どももいながらも、楽しく他の女性と過ごせてると思われますが、そのようになるためにはどうしたらいいのでしょう。

そのようにされるプロセスは非公開と承知しておりますが、結婚はしたほうがいいのでしょうか。

アドバイスできる範囲で、ご教示お願いします。

いまの段階で彼女には、仕事が忙しいということから、他の女性と遊んでいることは知られていません。

やり方次第では、結婚後も楽しく過ごせるのでしょうか?

よろしくお願いします。


(41歳・男性・公務員)

Answer

はじめに結論から申し上げましょう。

貴君はその女性と結婚しないほうがいいでしょう。39歳でイキナリ放り出される彼女も大変でしょうが、貴君と結婚してハズレの人生を歩むよりは、次に賭けたほうがいくらかマシです。性格も見た目も申し分のない方なのですよね。まだ何とかなる年齢ですから、彼女のためにも、サッサと身を引いてあげてください。

貴君に送っていただいた質問の文章全体から出てくる、何とも形容のし難い不快感は何でしょう。

「責任は取りたくないけれども、何とかオイシイ思いだけはしたい」というセコい考えが行間からプンプンと漂ってきます。

私が女性と楽しくやっているのは、それなりに腹を据えてことに当たっているからです。

私のようになるためにはどうしたらいいか、ですって?

あームリムリ。貴君には絶対ムリです。

リスクは取らんわ肚は据わらんわ、そんなヌケサクに寄ってくる女性なんている筈がない。

え？　ここ最近いろいろと知り合った女性たち（30歳代）（この言い方もヘンだなぁ、何ですか、いろいろと知り合ったって）とデートをしている、ですって？　それならその女性たちと駆け落ちでも心中でもしたらいいじゃないですか。

繰り返し申し上げます。私のようになるのは貴君には絶対にムリです。

あなたとはちがうんです（福田元総理調）。

from Mr. Ferdinand

遊びたい人！

フェル先生の ズバリ ひと言。

自分、なんだか最近エラい勢いでモテてるんスよ。リスクを取らずに遊び続ける方法はないっすかねー?というヌケサク君からのご相談。相手の女もブスでデブでノータリンのヤリマンなのでしょう。どうぞそのままで。

Case 5

男だけの海外旅行中、彼氏が風俗に行っていないかと不安です。

たいした悩みではないかもしれませんが聞いてください。

彼氏は男友達が多くて、ときおり男同士で海外旅行に行ったりします。今日相談したいのは、その件に関してのことです。

旅行中、彼氏がキャバクラや風俗に行っているのではないかと思うと気持ち悪くて仕方ないんです。浮気されたりするよりマシだ、と思いますが、それでもやっぱり気持ち悪いと思ってしまいます。ＡＶや性産業を批判するつもりはないのですが、自分の彼氏がそこに関わっていると思うとやはりダメです。

わたしがＡＶや風俗を嫌がっているのを彼は知っていて、「ＡＶもしばらく見てないよ」と言いますし、風俗に行っている様子もないのですが、男だけで海外旅行に行くなんて、もしかしたら海外でそういうことしてるんじゃないかな……と思ってしまいます。

わたしと付き合う前には風俗などにも男同士の付き合いで行っていたと聞いているので、昔のこととはいえ、またそういう気持ちになるんじゃ……？と疑ってしまいます。テレビやネットで、風俗やAVは別腹だとかファンタジーだとか愛はないからとか言及しているのを聞いても、納得できない……と思います。

気にしないようにするしかないのですが、自分の潔癖な部分がざわざわしてしまい、落ち着きません。どうしたら折り合いがつけられるでしょうか。

（21歳・女性・学生）

Answer

21歳のお嬢さん。

彼氏が海外に行く度に、エッチなお店に出入りしているのではないかと不安でたまらないのですね。

Answer

なるほど。ご質問には複数の問題がありますから、順番にお答えしていきましょう。
まず「男同士の旅行の際、風俗に行っているのでは……？」という疑問に対して。これは明確にＮＯです。

男同士で旅に出たからといって、それが必ず風俗店通いに繋がるなんて、そりゃいくらなんでもムチャなお考えです。

私は年に何回も友人と連れ立って国内外の旅行に出かけますが、風俗に行ったことは一度もありません。そもそも人生で風俗に行ったことなど、トータルで5回しかありません。その内訳はソープ3回。ファッションマッサージ1回。ピンサロ1回です。

それぞれの業態の詳しいサービス内容については割愛しますが、いずれも射精に導くもので……。え？　詳しく聞きたいですか。そうか、いまの若い方は「ピンサロ」などといわれても、それこそピンとこないでしょうからね。

ソープはソープランドの略称で、風呂が設置された個室に入り、念入りに体を洗浄した後にセックスを行う店舗です。私が初めて行ったのは大学生のころで、当時は「トルコ風呂」と呼ばれていました。昔は「トルコに行く」といえば、海外旅行に行くのではなく、性風俗店へ行くことを意味したのです。母国の名称が日本の性風俗産業の一業態として完全に定着していることに衝撃を受けたトルコ人留学生が、当時の厚生大臣に訴え出て、84年に現在のソープランドへ改名されたのです。

ファッションマッサージはソープよりも簡易な風俗店で、簡便に仕切られた個室の中で、主に手や口を使い男性を射精に導く業態です。なかには「本番」と称して追加料金を支払ったうえでセックスをやらせてくれる店もありますが、基本的には手と口だけのサービスです。私は幸運にも追加料金ナシで本番行為に至ることができたのですが、あまりに〝事務的〟なサービス内容に辟易《へきえき》としたものです。

ピンサロはピンクサロンの略で、暗い店内に〝ボックス〟と称する背の高い2列の椅子席が同方向にズラッと並んでいて、そこで横に座った風俗嬢が手や口でサービスを行う業態です。いちおう飲食店の形態を取っているので、サービスの前にビールが出てきて、形ばかりの乾杯をすることが習わしになっています。西川口あたりには、

恋愛・結婚
浮気・不倫
別れ
SEX
セフレ
男性
風俗
メンタル

Answer

本番行為まで提供する元気な店が何軒か存在するそうですが、現在は取り締まりが厳しくなったので、信頼の置けるヘビーユーザーのみに……。

アレ？　何の話でしたっけ。

そうそう、彼氏が風俗に行っているかどうか、でしたよね。

ともかくですね、「男がツルめば即ち風俗」という乱暴な考えは改めましょうよ。そりゃ「女は全員占い好き」くらいにムチャな話です。女性にだって占いにそれほど興味を示さない人はいくらでもいるでしょう。過去に何度かみてもらったことがあっても、別段ハマることもなく、たまに雑誌か何かでチラッと見るくらいの人がほとんどではないですか。

男の風俗だって同じことです。そう、男性にとっての風俗は、女性の占いと同じような位置付けにあるものなのです。ハマる人はハマる。興味のない人はチラ見する程度。あなたの彼氏は後者なのではありますまいか。

次に風俗別腹問題。

これは勝手極まりない男の理論なのですが、実は非常に的を射ています。若いあなたにはにわかには信じ難いことかもしれませんが、男性は恋愛感情が1ミリもない女性に対してもギンギンに勃起し、安々と抱くことができるのです。これは月に1回しか卵子を出さない女性と、毎日数億からの精子を生産し続ける男性との構造上の違いによるものです。

何しろ出さなければどんどん溜まってタンクがいっぱいになってしまいますからね。恋愛感情もクソもなく、ビュビュッと放出しなければパンクしてしまいます。このあたりは「男の性」というよりも、男性の生理的な問題、と理解していただきたいと存じます。

とはいえ、男の生理的問題と、あなたの潔癖症は別問題。やはり風俗嬢に弄《もてあそ》ばれたチンポコを挿入されたり、たとえ戯《たわむ》れであってもキャバ嬢とチューしてきた唇を突き出されるのは気分の良いものではありませんよね。このあたり、どのようにして折り

Answer

合いをつけましょう。

誠に残念ながら、この問題に折り合いをつけることは不可能です。

なぜなら、すべては〝あなたの心の持ちよう〟にあるからです。

せっかくご相談にいただいたのに申し訳ありませんが、私があなたの心の中にまで踏み込んでコントロールすることはできません。要はあなたが彼のことを「信じるか信じないか」にすべてがかかっている。

男同士で旅行に行く。うまい飯を食べ、楽しい酒を飲み、仲間同士で他愛のない会話をする。ときには女性にはとても聞かせられないような破廉恥な話もするでしょう。しかしそうした仲間との何でもない時間というのは男にとり、かけがえのないものであり、限りなく貴重なものであるのです。

女性には決して侵されたくない、その大事な大事なひとときを、彼は風俗通いなどという無為な行為でムダにするでしょうか。

私はそうは思いません。

若いあなたが潔癖症なのは分かりますが、それと彼のことを疑うのはまた別問題です。

彼のことを信じてあげなさいとは言いませんが、彼のことを、引いては男性というものを、もっと理解しなければいけません。

あなたは彼についての理解度が低すぎます。もっともっと彼のことを理解してあげてください。そのためには話し合いです。自分の思いを正確に伝え、彼の思いを正確に理解しなければなりません。

風俗だＡＶだなどという些末《さまつ》なことはこの際横に置いておきましょう。

今回は少し妙な方向に話が脱線しましたが、おふたりに必要なのはお互いの理解です。もっとたくさんデートして、もっとたくさん話し合ってください。

from Mr. Ferdinand

「昔の風俗問題も……。

フェル先生の ズバリ ひと言。

このご相談が掲載されたのが16年の5月。そのとき21歳ということは、1年半経ったいまごろは、社会人になっているのかもしれません。彼氏との信頼関係も構築され、幸せにやっているのではないかと思います。

Case 6

人生で私以外の女性を知らない夫は本当に幸せなのでしょうか？

付き合って1年、結婚3年目です。

付き合った初日、彼からこれまで女性と縁がなかったと聞きました。女性の間で話題にのぼらないわけではない人なので、まさかと思いましたが本当でした。

結婚後は彼が知らなかった私の悪いところが出ました。また本来彼の好みであろうタイプと私はかぶっていないこともわかってきました。

彼はコミュ障でも卑屈でもなく、人が周りに寄ってくる人間です。私が押しかけ女房で、彼としては早まって結婚してしまったのではないか、もっといろいろな女性をみるほうが幸せなのではと折ふし考えます。

一方で、その結果やっぱり私じゃないと彼が判断したときを思うと自分の考えは自分の首を絞めていることに気付きます。

……まとまりないままですが、よければフェル先生のお考えをおうかがいできればと思いました。

(38歳・女性・会社員)

Answer

私の同級生で、若いころに結婚して以来、ほぼ毎晩家で食事をしている男がいます。35歳で独立して立ち上げた会社を着実に大きくし、いまでは年商10億ほどもある優良企業の社長さんです。

彼は毎日会社を6時半に出て、7時には帰宅して食卓についています。奥様と会社であった出来事やポストSMAP問題のような他愛のない会話をしながら、晩酌に瓶ビールを夫婦で1本ほど飲んでいます。

食事を済ませたら風呂に入り、気が向けばスカパーで映画を観て、11時には就寝し

Answer

てしまいます。

奥様とは10日に1回くらいのペースでセックスをするそうです。朝は6時に起床して、知人から貰った雑種の犬を連れて夫婦で近所を30分ほど散歩に出る。シャワーを浴び新聞を読みながら朝食を食べ、7時半には家を出て8時から会社で仕事を始めています。

彼はこのルーチンを頑《かたく》なに守り続けています。

私とは文字通り正反対の性格で、正反対の健全な暮らしを送っているのですが、なぜか気が合い、半年に1度くらい、どちらからともなく連絡を取っては一緒に酒を飲んでいます。

彼は私の（特に女性がらみの）悪行三昧をよく知っていますから、「お前はホントに変わらんなぁ……」と会う度に微苦笑するのですが、私を責めることも、侮蔑《ぶべつ》することも、また羨ましがることも決してありません。彼は「人は人」ということを十分にわきまえているのです。

ご結婚されてから3年目ですか。それではそろそろご主人の本質を理解されてもいいころでしょう。

ご主人はいまの暮らしに十分満足し、またあなたに感謝もしています。

男がみんなガツガツ異性を求めると思ったら大間違いです。もちろん世の中には私のように「穴があったら入れたい」という類の不逞者も大勢いるのですが、それと同じくらいの割合で、「ひとりの女性をじっくり愛する」人もいるのです。

あなたのご主人はそういうタイプの人間です。地味で平凡だけれども、着実に歩み、確実に幸福を積み上げていく。そういう人なのです。何も心配することはありません。

「人生でひとりの女性しか知らない男性は幸せなのでしょうか」ってあなた。

そんなの大きなお世話です。ステレオタイプに男の幸福を断じてはいけません。

私の文章を読んで、「男はヤリチンばっかりだ」と誤解させてしまったのなら申し訳ありませんが、奥様一筋という男性だって間違いなく存在するのです。

「その結果やっぱり私じゃないと彼が判断したときを思うと……」ってのもどうでしょ

Answer

う。あのですね、失礼ながらあなたの心配は、「巨大彗星が地球に衝突したらどうしよう……」と悩んでいるのと同じです。

ああもうまったくもってムダなことです。そんなことでウジウジ悩んでいるヒマがあるのなら、美味しいご飯を作ったり、家をキレイに整頓したりすることにエネルギーを使いなさいよ。ふたりが健康で文化的な暮らしができるよう努力なさいな。

それから〝押しかけ女房〟なんて自分を卑下しちゃいけませんよ。

ご主人はハラを決めてあなたを選んだのです。あなたのことが好きだからあなたを選んだ。それ以上でも以下でもありません。余計なことを考えず、どうしたらご主人が快適に過ごせるか、そしてどうしたらふたりがより幸福になれるか、そちらに知恵を絞りましょうよ。良いダンナさんで良かったじゃないですか。

フェル先生の**ズバリ**ひと言。

from Mr. Ferdinand

固定観念。

このご相談が来てから早2年。結婚生活も5年目に入りました。「男はみんなヤリチン」なる固定観念から、この奥様もボチボチ脱却できたころでしょう。それにしても私の周りは、どうしてこうもヤリチンばかりが揃っているのでしょう……。

Case 7

主人の体臭に我慢できず、カラダが主人を受けつけません。

フェル先生、毎週とても楽しませていただきありがとうございます。金曜日は更新日ですので、ワクワクしながら仕事をしております。

私は専門職で正規職員として勤務し、子どもと主人の母と4人で暮らしています。主人は遠方に単身赴任。子どもたちが住み慣れた田舎を離れたくないと希望し、赴任先であるほどほどの都会に主人ひとり、寂しく住んでいます。

まだ子どもたちが学校に行かない年ごろならば、私も退職し新天地での生活も考えますが、いかんせん、生まれながらの田舎暮らしに慣れ親しんでいるので、都会の息苦しさたるや、日々の出張で都会にいるだけで人の波に倒れそうになるため、一緒についていく勇気がでませんでした。

主人はとても優しくて、できた人です。

家庭人、父親としたら申し分ないのですが 夫婦となると、年月を経ると、男女の感覚が皆無になります。

そこに単身赴任ときたものです。男性として、愛さなければと思うのですが……。もはや末期なのか、主人の匂いに我慢できません。たまに会ってキスのひとつもすれば子どもも喜ぶし、互いに通じるものがあるかもと覚悟を決めるのですが、本当に無理なんです。気が付いたら、どうすれば近づかないですむかを考えてる。

でも妻として支えなければと、帰省時には手料理をたくさん作り持参させます。すっかり男女の性愛からは離れてしまいましたが、他の素敵な殿方をみたら、ワクワクしたり……。女性としての、サガは残っています。

臭くても、男性としての愛がある相手なら許せると思います。だけども、女性としての本能なのでしょうか。匂いが受け入れられない男性は、もはや生理的に受け入れられないのではと思います。

主人を愛せばすべて丸く収まるけど、体が受け付けません。悩ましいです。

こんな私に喝を入れてください。

（43歳・女性・医療専門職）

Answer

単身赴任中のご主人の体臭が気に入らないと。

なるほどそうですか。あなたも医療機関で専門職として働いておられるなら、本当は薄々感付いておられるでしょう。

これはDNAレベルの問題です。匂いが合わない人は何をどのように努力しても絶対に合わない。ムリに体を合わせようとしても、それは無駄な努力というものです。

キスをした際の硫黄臭い口臭。

粘度の高い耳クソで塞がれた耳穴から湧き出る耳臭。

汚れた襟元から漂う加齢臭。

脇からほのかに漏れ出すワキガ臭。

ああ、思い出しただけでも吐き気がする。体中の細胞が総力を挙げて合体を拒否していることが分かるでしょう。

「匂いが合わない」とはつまりそういうことです。

これは男性側から言っても同じことでして、匂いの合わない女性はどんなに顔の印刷が美しくてもダメです。それなりに時間もコストもかけた女性には、投下資本回収の観点から抱くこともあるのですが、匂いが合わないと大抵は後味の悪いものになってしまいます。

私のようなプロでも、2年に1回くらいは、「ヤらなきゃよかった……」と激しく後悔するような駄目セックスをしてしまうことがあるのです。実はつい先日も……。ああ、ヤらなきゃよかった……。

我儘で勝手なDNAは、人間を〝単なる乗り物〟としてしか見ていません。

彼らは優秀な遺伝子を残すことにのみ腐心しています。匂いが合わないのはDNAが出す「やめとけ」のサインです。このサインには素直にしたがった方がいい。慣習や世間体でムリにセックスをしても体調が悪くなるだけです。そもそも気持ち良くないでしょう。

無理なセックスはお互いに苦痛でしかありません。無理して得することなど何ひとつありません。

Answer

ところで本当に失礼なことをうかがいますが、ふたりのお子様のご様子はいかがですか？　極端に足が遅いとか、成績が異常に悪いとか、そういう傾向は見られませんか。なにしろＤＮＡの全面拒絶を乗り越えて授かったお子様です。何らかの〝特徴〟が見られるのではないかと気になりまして……。

え？　何も問題はない？　それどころか我が子ながら成績優秀であると。

奥様、それじゃＤＮＡの問題じゃないじゃないですか。ＤＮＡの我儘ではなく、単なるあなたのワガママじゃないですか。あまり勝手を言いなさんな。歯を磨いて風呂に入ってからヤればいいでしょう。面倒なら風呂の中でヤりなさい。

「他の素敵な殿方をみたら、ワクワク」ってあなた。ご主人が加齢臭発生年齢のオッサンになっているのと同じように、あなたも見事なオバサンになっているのですよ。試しにその素敵な殿方とやらを誘ってご覧なさいな。必ず惨めな結果になりますから。ご主人の匂いをガタガタ言う前にご自身はどうなのですか、と申し上げたいです。

フェル先生のズバリひと言。
from Mr. Ferdinand

我が形《なり》は？

よくいるんですよね。ウチのダンナはハゲでデブで加齢臭で、男として完全に終わってるんですー、と嘯《うそぶ》くデブでブスでド金髪のご夫人が。お宅に鏡はないのですか？と全力でうかがいたいです。

ない女性の心。
第ですよ。

PART 3

思い通りにいかなくても、あなた次第

好きなのに……。真剣なお付き合いがしたいのに……。結婚したいのに……。気持ちのやり場に困りますよね。でも、希望通りにいかないのが世の常ですし、わざわざつらい思いをすることはありません。何事もあなた次第で道は決まる。その道をフェル先生が説いてくれます。

Case 8

カラダ目当ての男性ばかりと出会います。本当は男性と真剣な交際を始めたいのに。

フェル先生こんにちは。いつも楽しく拝読しております。

私は25歳大学院生の女性です。1年ほど前に初めてお付き合いをした男性と別れてから、ここ1年はヤリ目的の男性にしか声をかけられません。

元カレと別れた直後に新しい彼氏ができたのですが、付き合い始めて2週間、一度同衾《どうきん》した後に連絡が取れなくなり、既婚者と判明しました。

その次に知り合った男性とは何度か会ったものの、「セフレにならないか」と提案されました。

またその後に出会った男性とも何度か同衾後に「君はまだ学生だから」と振られました。

私なりに考えたのですが、すぐに寝てしまうことと、出会いが不健全であることの2点が原因だと思います。

すぐに寝てしまうことは、今後は改善するとして、問題は出会いが不健全であることです。大学やアルバイト先など、私の生活圏内は男性ばかりの環境ではありますが、同じ学内や職場の男性とは恋愛関係になれないため、どうしても毎回ナンパやクラブや街コンなど、軽い出会いで男性を見つけてしまうのです。

なぜ同じ学内や職場の男性と恋愛感情になれないかというと、単純に恥ずかしいからです。また、別れたときに周囲に迷惑をかけてしまうのではないかと思ってしまうからです。結果として後腐れのないところから男性を見つけてしまい、男性としても恰好のヤリ捨て女と扱われてしまいます。

真剣な交際を始めたいのですが、どうすればいいでしょうか?

（25歳・女性・大学院生）

Answer

そりゃあなた。送っていただいたご質問の中に、すでに答えは書いてあるじゃないですか。

ナンパにクラブに街コンと、軽い出会いの場にばかり出かけて男を物色されているのですから、引っ掛かる男は軽い野郎に決まっている。あなたのいまのお悩みは、「海に釣りに行っているのに、海水魚しか釣れない」と嘆いているのと同じです。そりゃ海水魚しか釣れませんわ。あなたが釣り糸を垂らしているのは、他ならぬ海なのですから。鮎やイワナのような淡水魚がご所望であれば、川や湖に出かけなければ釣れるはずがありません……。

と、あなたはきっとこのような回答を期待されているのでしょうね。

しかし、残念ながら出会いの場やスタイルによって、その後の付き合い方が大きく変わることはありません。どのような〝場〟で出会っても、ヤリ捨てはヤリ捨て、真剣な交際は真剣な交際に発展します。森田健作千葉県知事の奥様をご覧なさい。ＣＡ

だった奥様は、「飛行機の中でナンパされて結婚したのですよ。普通なら2、3発ヤってサヨウナラのパターンじゃないですか。しかし見事にナンパが実を結び、いまや彼女は知事夫人ではありませんか。

あなたが毎度ヤリ捨てされるのは、あなたが「こんなところで声をかけてくる人は、ヤリ目的に決まっている」と決めてかかっているからです。

相手の行動は、あなたの心の鏡でもあるのです。

人間は相手によって、良い人にも悪い人にもなるのです。

あなたのことを軽くヤリ捨てた連中は、果たして出会う女性すべてを片端からヤリ捨てているのでしょうか。そうではありますまい。嫌な言い方をすれば、「相手によって使い分けている」とすることもできますが、何にせよそれがその男のすべてではない。実は結婚していたという件の男にしても、家庭では善き夫であり、善き父かもしれません。それは彼の夫人が、彼に対して真摯に向き合っているからです。

真剣な交際をしたいのであれば、ご自身が真剣に相手に向き合うしかありません。

Answer

舐めてかかれば、当然相手も舐めた行動をとるのです。厳しいことを言って申し訳ありませんが、ご自身のことをジックリ見つめなおしてください。相手の行動は自分の心の鏡であることを肝に銘じてください。私はあなたが「どうせ男なんか」という気持ちが顔にも態度にも滲み出ているのではないかと見ています。

でもまあアレです。まだお若いのですから、しばらくは軽いナンパに身を任せ、面白おかしくキモチ良くセックスを楽しむのもいいじゃありませんか。いまの世の中、女性側からのヤリ捨てだって大いにアリですからね。焦らずじっくりいきましょう。

自分改革。

類は友を呼ぶ、の典型例です。ヤリマン女にはそれに相応しいヤリチン君が、誘蛾灯《ゆうがとう》に引き寄せられるが如くブンブンと飛んでくる。これを根底から変えるには、細胞レベルでのクレンジングが必要です。つまり、ほとんど不可能ということです。

Case 9

風俗嬢なのにお客様に惚れてしまい、連絡しようか迷っています。

フェル先生。いつも連載を楽しみに待ち望んで読んでおります。どうもありがとうございます。私は着衣のまま男性を攻める系風俗の嬢、店年齢31歳です。

お客様の男性（おそらく医師30代前半？）を好きになってしまい忘れられずに悶々としています。最後にプレイしたのは8カ月前で、その後、彼は来なくなってしまいました。

8カ月の間にプレイ回数は10回ほどでした。彼女がいるということも言っておりました（既婚かもしれないです）。店経由で連絡先は知っているのですが、彼と相互に交換した訳ではないので、失礼になると思い連絡はしておりません。ですが、メールしてみたいと思っています。

嬢をさわるオプションのないお店なのですが、だいたいのお客様は私の胸を触ったりパンツに手を入れようとしてくる方もいます。

彼は私の体に触れてくることはなかったので安心していましたが、最後のプレイのときは彼はいつもと違って、私の手を握りお尻を抱き抱えてきました。しかし、私は攻めモードだったため思いっきり手を払いのけてしまいました。それ以来、来なくなってしまい、とても後悔しております。

彼にとても惚れていたので、素の私なら受け入れたと思うのですが、仕事モードだったためそうしてしまいました。

彼はデブでブサイクですが、無口で穏やかで優しい性格と硬いイチモツ（毎回5、6回射精します）が忘れられず、もう一度会えたらと思います。

メールをした方が後々後悔はないものなのでしょうか？　メールを無視されたら悲しいですが彼の幸せを願い諦めもつくように思います。

どうしようもない相談なのですが、フェル先生のお言葉をいただけましたら幸いです。宜しくお願いいたします。

（38歳・女性・風俗）

Answer

いつもご愛読いただき、本当にありがとうございます。また、こうしたセンシティブなお悩みをご相談くださり感謝いたします。誠心誠意回答させていただきます。着衣系風俗店に嬢としてお勤めの方が、頻繁に来店していた客を好きになってしまったと。

結論から申し上げましょう。

彼に連絡するのはおやめなさい。

理由はふたつあります。ひとつ目はお店の問題です。

彼のアドレスは、あなたが勤務する風俗店の運営会社が顧客情報として取得した大切な資産であり、あなたが勝手に利用するべきものではありません。店側が営業推進策として勤務する嬢にアドレスを公開し「君たちからジャンジャン連絡しちゃって!」と指示を出している話なら別ですが、どうも今回のケースは違うようです。あなたは何らかの方法で顧客のアドレスを閲覧し、それを流用しようとしている。これは大問題です。

ちょうど1年前に、美容院の予約サイトから個人情報を抜き出して、来店した客をナンパしようとした大馬鹿野郎美容師が大炎上する事件がありました。

客に一目惚れした男性美容師、「ホットペッパー」予約情報から連絡先入手、LINEで「迷惑だったかな？（笑）」。

突然LINEにナンパメールを送られた顧客女性がブチ切れて事件化し、その結果、取手にある店はもちろんのこと、大馬鹿野郎美容師の実名や顔写真までさらされることになり、サイトの運営会社は火消しに奔走することとなったのです（新聞沙汰にならなかったのは、さすがリクルートというところでしょう）。

アドレスを教えていないあなたから突然メールが届いたら、彼はどうするでしょう。ラッキーと小躍りするかもしれませんが、先の美容室の顧客のように、拒絶反応を示すともかぎりません。風俗店の運営会社ですから当然ケツ持ちの組織もありましょうし、そうした外部からのクレームには強硬姿勢でのぞむのでしょうが、やはり顧客とのトラブルはないに越したことはありません。

トラブルが表面化すればあなたは職を失うかもしれません。また、さらに深刻な事

Answer

態に発展しないともかぎらない。あなたはとても怖い業界で働いているのです。それを忘れてはいけません。

そしてもうひとつ。あなたが思いをよせる彼の、風俗嬢に対するスタンスの問題です。風俗店に来る男性は、大きく分けてふたつのタイプがあります。嬢に感情移入するタイプと、単純に射精だけを楽しみたいタイプです。後者の場合は単純に嬢の技術を買いに来ているわけですから、恋愛が成立する可能性は極めて低くなります。また、感情移入するタイプにしても、それはあくまで店内でのことであり、その感情を店外まで維持する人は極めて少数派です。

風俗嬢というお仕事柄、毎日たくさんの男性を見る機会がおありでしょう。

しかも文字通り、「素」のままの姿の男性をご覧になるわけですから、あなたの〝人を見る目〟は人一倍研ぎ澄まされていることでしょう。そんなあなたが惚れ込んでしまい、しかもその感情が、相手に会わずして8カ月も維持されているのですから、その男性は本当に魅力的な方なのでしょう。

ですが、非常に残念なことに出会いの場が悪かった。彼がまともな神経の人であれば、これからあなたが望むような関係に発展することはありえません。最後のプレイのときに、彼が積極的に手を握ったり尻を抱いたりしたことに一縷《いちる》の望みをかけておられるようですが、それは錯覚です。彼は「これだけ通ったのだから、そろそろお触りくらいいいかな」と思ったに過ぎません。あなたがそれを拒否したから、ナーンダと思い店に来なくなった。それだけの話です。

厳しいことを言ってごめんなさい。ですが、当欄を愛読くださるあなたにだからこそ、忠言します。連絡するのはおやめなさい。つらい思いをするのはあなたです。素敵な彼氏は、店の外で探すべきです。

from Mr. Ferdinand

「フーゾク嬢の恋。

フェル先生のズバリひと言。

これはつらいですね。文字通りの「叶わぬ恋」です。世の中には好きになって良い相手といけない相手がいるのです。風俗嬢が客を好きになるのは、その典型例です。素人に戻ってから出直しましょう。

Case 10

自分とは違う世界の彼との結婚はあり？カラダの相性が良すぎて離れられません。

フェル先生、いつもためになるカウンセリングを楽しみに読ませていただいております。私は現在27歳になる派遣のＯＬです。

3年ほど前からある男性とお付き合いしています。私は彼のことが大好きで、できればきちんとお付き合いして、将来も一緒にいれたらいいなと考えているのですが、現実はなかなかうまくいかなくて、思い切って相談させていただきます。

彼の家はお父さんも、おじいさんも医者の家系で、彼も整形外科医として勤務しております。交友関係も会社の社長やタレントなど有名人も多く、周りにいる女性たちも外資系の企業でバリバリに働いている方や起業されて成功している女性、女医さんなどばかりです。

私と違い、スポーツマンの彼は最近トライアスロンも始めました。

ですが運動神経ゼロの私は高卒で両親は離婚同然、妹の夫はトラックの運転手。友人は同じ派遣のＯＬや水商売系の子など……。

住んでいる世界にかなり格差があって、正直言って私とは釣り合わない世界の人です。

しかし彼のことが大好きでたまりません。たまに連絡があると、良くないとはわかっていても、他の予定はすべてキャンセルしてまでも彼の元に飛び込んでしまいます。

彼とのＳＥＸも最高に相性が良いと思っていますし、彼もそのように思ってくれていると思います。３年経ったいまでも耳元で「オマエのことがだいすきだよ！」とささやかれると、嬉しくて思わず涙が出てしまうほど感動してしまいます。

しかし、たまに会っても「次はいつ会えるかはわからない、仕事が本当に忙しいんだ」と言われ、別れて部屋に帰るといつもひとりで泣いてしまいます。

彼の足を引っ張りたくないし、重荷にはなりたくないけど、私のことを本当はどう思っているのか？　年齢も年齢ですし、はっきりと将来のことを踏まえて聞いてみる決心をしました。

しかし彼は「まだ先のことは分からない。とにかく仕事が忙しいんだ」といって話題を切り替えて、結局何も進展しないままいつものように抱かれてしまいました。

彼は私のことを抱きながら私のカラダのことをいろいろ褒めてくれます。きっと私は彼から離れられないでしょう。彼の交友関係のことはよく分かりませんが、気が付くと誰か他の人と結婚していた、なんていうオチがついたら、そのときは生きてはいけない気がします。

こんなダメで惨めな女ですが、何かこれでいいという信念のようなものが欲しくてご相談させていただきました。あまりにくだらないとお笑いになられても大丈夫です。よろしくお願いします。

（27才・女性・ＯＬ）

Answer

ご相談いただきありがとうございます。

27歳の派遣ＯＬさん。交友関係がハデで、最近トライアスロンも始めたという医師の彼との行く末に悩んでおられるのですね。彼は代々ドクターという名家に生まれた。一方あなたはごく普通の家庭に生まれ、交友関係も比較的地味めである。

ご相談の焦点を〝身分格差〟に当てられているようですが、問題はそれよりもずっと前の段階にあると思います。つまり、あなたと彼との関係性です。彼は気が向いたときにだけあなたに連絡してくる。あなたはそれに大喜びで応え、すべての用事を投げ打って彼の元に駆けつけている。これはいけません。

これから先は、少し厳しいことを言いますので覚悟を決めて読んでください。よろしいですか、彼はあなたを都合の良いセフレとしか見ていません。勤務医が忙しいことは間違いありませんが（同じcakesで連載されている雨月メッツェンバウム次郎先生の記事を見てください。勤務医の悲惨な実態がこれでもかと綴られています）、それにしても会い方に問題がある。そのあたりを検証してみましょう。

まず彼の交友関係がハデであるということ。交友関係を維持するには、たゆまぬメインテナンスが必要です。食事会やパーティーなどが催されるたびに、マメに顔を出

Answer

さなければいけません。会合の誘いを何度も断ると、徐々に声がかからなくなってしまいます。ハデな交友関係が続いているということは、イコールで当人が（あなたを差し置いて）そうしたハデ関係の会合に頻繁に顔を出しているということです。あなたと会うよりも、ハデな方々との交誼《こうぎ》のほうが彼にとっては大切なのです。

彼はそのテの会合にあなたを伴って参加したことがありますか。彼の大切な友人や、ハデ関係者の誰かに紹介されたことはありますか。

一度もないでしょう。交際が始まって3年もすれば、公認の彼女として徐々に周囲に紹介していくのが普通でしょう。なぜ誰にも紹介しないのか。それは彼から見て、あなたは彼女でもなんでもないからです。電話をすればいつでも喜んで飛んで来る、単なるセックス要員であるからです。

それともうひとつ。彼がトライアスロンを始めたということです。私もトライアスロンをやるからよく分かります。あれは練習にとても時間のかかるスポーツです。ゴルフやスキーのように、道具さえ揃えればヘボでも何とかなるものではありません（本当は極端にヘボな人はラウンドに出てはいけないのですけれども……）。少なくとも、「次はいつ会えるかはわからない、仕事が本当に忙しいんだ」と宣《のたま》う人が取り組めるスポーツではありません。

お分かりになりますか。あなたは彼にとって、食事をしたり酒を飲んだり、あるいは走ったり泳いだりするよりも価値の低い存在であるということです。彼の爺様が医者であることも、あなたの義弟がトラック運転手であることも、この際関係はありません。これはあなた自身の〝存在〟の問題だからです。

それでは彼のように華やかで、あなたにとって相応しくない（とあなたが勝手に思っている）人が、なぜ折に付けあなたを呼び出すのでしょう。それはひとえにカラダの相性が良いからです。

彼の周りには間違いなく複数の女性が存在します。そのなかには彼女を自認するような人もいれば、あなたのように単なるセフレもいるでしょう。そのなかでもあなた

Answer

は特別にセックスの相性が良いのだと思います。たくさんの人とセックスをすると分かりますが、本当にバシッと体の相性が良い人はそうザラにいるものではありません。そういう意味ではあなたは貴重な存在です。そうでなければ、彼が3年間もキープしておくことはないと思います。

彼のことが好きな気持ちはよく分かりますが、この恋はどうも〝筋〟がよろしくないように思えます。

何か信念のようなものを、とのことですが、自分の信念は自分で決めてください。このまま彼の性具としてドロドロの愛欲生活に生きるも良し。腐れ縁を断ち切って新たな恋を探すもまた良し、です。

ただ、帰宅してから毎回泣くような恋は、20代のうちに片付けた方がいいとは思いますが。

フェル先生のズバリひと言。
from Mr. Ferdinand

カラダの相性と格差婚。

本当にバシッと相性の良いセックスができる相手というのは、実に限られていますからね。下手をすると、一生巡り合わずに終わってしまう人だって大勢いるのです。このおふたり、体は合うようですが、男のタチが少し悪いかな。

したい。

PART 4

自分の心を満たす女心は複雑です。

人間だれしも“魔が差す”瞬間があります。きっかけは失恋だったり、離婚だったり、ストレスだったり。たった一度の関係は、どんな方向にも発展（転落？）する可能性をはらんでいます。フェル先生の割り切りっぷりで、あなたも目からウロコが落ちるかもしれません。

Case 11

なぜだか同僚と寝てしまいました。セフレになってもいいんでしょうか？

はじめまして。いつも楽しく拝見しております。フェル先生にご相談したいのは、ひと晩だけ関係をもってしまった男性のことです。

わたしは大学で事務員をしておりますが、つい先日、たいして親しくもない教員に食事に誘われました。すごく迷ったのですが、3カ月前に離婚し、心が空虚だったので、普段の自分では絶対にしない選択をしようと思い立ち、その誘いを受けました。そして食事の後、なぜだかその教員と寝てしまいました。

お酒も入っていて、いわば事故だったと思うのですが、既婚者と関係をもってしまった自分にがっかりしました。

このまま家庭のある人とセフレのようになってしまうのが恐ろしかったので、今後はお互いに仕事以外での連絡は一切しないと約束したのですが、最近、またふたりで会いたいなと思うようになりました。
このまま妻子持ちの男性とセフレになってもいいものでしょうか。ぜひともご意見をお聞かせください。

（33歳・女性・大学事務員）

Answer

３カ月前に離婚をされたばかりの傷心の女性が、妻子ある男性とセフレ関係の入口に立たれていると。あなたのことをその教員センセイがどのように見ているか、まずは〝男性〟の立場からお話ししましょう。少しキツ目の言い方をしますので、覚悟を決めてから読んでください。

「あの事務の子は、最近離婚したらしいよ」

Answer

「へー？　あの髪の長い子ね」

教員同士では、あなたのことをこのように話しています。

「意外だなぁ、わりとジミ目の子なのにね。ダンナが浮気でもしたんじゃないの？」

「いやいや、女は分からないぞ。結構ああ見えて、あの子の方にオトコがいたりして」

「はははははは」

無礼極まりない話ですが、何しろ無責任な噂話ですから、根拠も何も必要ない。他人の不幸は蜜の味。話はセンセーショナルであればあるほど面白い。そんな低レベルの会話のなかから、少し目端の利くセンセイが、それなら俺が一発ヤってやろうと思い立つ。向こうから見れば、あなたは単なる事務のオネエチャン。しかも最近離婚したばかりとくれば、こんな安牌はありません。

え？　どうして離婚したばかりの女性が安牌か、ですかって？

心が不安定だからヨロメキ易いですし、多少はヤケになっていましょうから、タイミング的に見て成功確率が非常に高い。そして何より〝結婚〟というシステム自体に絶望していましょうから、ガタガタ言ってくる可能性が低い。安牌以外の何物でもありません。

で、結果的にセンセイの読み通りだった。何しろデート初回からヤれたのですから、彼としても大性交……、いや大成功です。

そしてさらに相手が「最近、またふたりで会いたいな、と思うようになりました」と言うのですから、正《まさ》しく飛んで火に入る夏の虫。カモがネギどころかナベとコンロを背負って飛んできたようなものです。英語で言えば「Ｌｕｃｋｙ！」というところでしょう。

Answer

問題の根本は、あなたが現実を直視せず、常に逃げを打つ責任回避型の考え方にあります。今回のセックスは事故でも何でもない。33歳のあなたが自分の判断でデートに応じ、自分の判断で酒を飲み、そして自分の判断で抱かれたのです。

「なぜだかその教員と寝てしまいました」。

なんとまあ馬鹿な言い草でしょう。まるで他人事じゃないですか。なぜでしょうねぇ。魔が差しましたか。ですが、その「魔」とやらは、あなたの「心」そのものです。すべてはあなたの意思による行動です。

あなたは毎朝なぜか歯を磨き、なぜか朝ごはんを食べ、なぜか電車に乗り出勤しているのですか？　すべては自分の考え、自分の判断によるものでしょう。

「自分にがっかりしました」とは何事ですか。

自分が自分を諦めたら、いったいどこの誰があなたを救うのです。

あなたを救えるのは親でも兄弟でも親友でもない。あなた自身です。

自身が強くなるしかない。自分で前に進むしかない。

離婚直後でおつらい時期でしょうが、心を強くもち、前を向き一歩一歩しっかり踏みしめて歩いていきましょう。それ以外に道はありません。

ああ、例の教員センセイとの関係ですか?

まあ大した男でもなさそうだし、あなたがヤリたくなったときの性欲処理要員のひとりとして適当にキープしておけばいいんじゃないですか。飽きたら捨てればいいんです。

セックスなんてそんな大騒ぎすることじゃありませんよ、ホント。

from Mr. Ferdinand

「リハビリ。

フェル先生の**ズバリ**ひと言。

離婚直後の女性には、こうした輩がワラワラと寄って来るんですよね。なにしろ「付け入るスキ」だらけですから。まあ安価で安全なリハビリ要因として、しばらくの間付き合ってもらえばいいでしょう。そのうち飽きますから。

Case 12

夫を愛している私ですが、心ひかれる同僚とお酒を飲むのは不倫？

フェル先生、いつも連載を楽しみにしています。

いい年をして、自分の気持ちの整理ができなくなってしまい、先生にアドバイスをいただきたいと思いました。どうぞよろしくお願いいたします。

昼食やお茶、帰りがけに軽く一杯と声をかけてくださる社内の人が好きになってしまいました。

問題は、互いに既婚者ということです。結婚して12年。夫以外の人に、気持ちが動くとは思っていませんでした。信じていただけないかもしれないのですが、夫を愛しているのです。でも、その人にも心がときめき、自分は浮気性なのだな、男性っぽい性格なのだなと感じています。夫は単身赴任中なので、心に隙間があったのかもしれません。

不倫はいけないと自分を必死で抑えています。仕事はやるべきことをやっていれば、社内にいなくても何も言われないので、なるべく外出して顔を合わせないようにしたり、ネットで泥沼不倫の書きこみを読んで、戦々恐々としたり……。何より子どもがまだ小さいので、子育てに集中すると忘れられます。

でも、月に数回、声をかけてもらうと嬉しくて、誘いに応じてしまいます。そのたびに気持ちがぶり返します。肉体関係はありません。そもそも何も始まっていません。しかし、相手の気持ちは感じます（勘違いかもしれませんが）。そして私も心がときめいているのですから、月数回、軽くお酒を飲むのも不倫でしょうか？　本当はそれもお断りすべきでしょうか？

お断りすることを考えると、人生はつまらないものだなと心が塞ぎます。許される範囲でその方とお話ししたいのです。既婚者である限り、そのような付き合いは難しいでしょうか？

フェル先生が女性で私の立場ならどうされるか教えてください。

（38歳・女性・出版）

Answer

実は今夜、旧知の女性と食事をしてきたのですが、まさかの不倫話を打ち明けられたので、その話をいたしましょう。ちょうどあなたと同い年なので、何かの参考になるかもしれません。

彼女は美人で聡明で仕事ができる、バリバリのキャリアウーマンです。27歳で結婚して、29歳で元気な男の子を出産します。出産と同時に、勤めていた会社をスパッと辞めて、ママ業に専念することを宣言します。

結婚した相手が比較的地味な男性だったことも驚きでしたが、彼女が子育てに専念したことはもっと驚きでした。仕事なら仕事、子育てなら子育て。それぞれのフェーズでプロフェッショナルになることが、彼女の流儀なのでしょう。

3年前に子どもが小学校に上がったのを機に、彼女は復職することになります。6年も仕事から離れていたのですから、仕事の勘が鈍っているかと思いきや、さにあらん。彼女は復帰と同時に、もと通りの高いパフォーマンスを上げ続けます。

で、ここからが問題です。

復職から2年して、彼女を呼び戻した上司と社内でデキてしまったのです。結婚前は何の関係もなかったのですが、何かの拍子で不適切な関係に陥ってしまった。彼女は真面目ですから、不倫関係も真剣に取り組みます。会うたびに必ずセックスをして、時間をやりくりして旅行にも出かけ、お互いの誕生日にはお祝いディナーに出かけたりもしたそうです。

地味なご主人は、彼女の浮気など露とも知らず、変わらぬ愛情を彼女に注ぎ続けます。無論彼女も、不倫の香りなど1ppmたりとも漂わせることなく、その不倫関係は安定して継続します。ふたり以外この関係は誰も知らない。誰にも迷惑はかからないし、誰も不幸にはならない。ですが、彼女はちょうど1年経ったころ、その関係をこれまた見事にスパッと切ってしまいました。

それがつい先月のこと。そのことをどうしても私に話したくて、「フェルちゃん、ゴハンに連れてって！」と連絡をしてきた、というわけです。

Answer

彼女が不倫関係を清算したのは、「急にアホらしくなっちゃったから」とのことでした。「ハシカみたいなものだったわ」とも。

不倫男との逢瀬を通して、地味なご主人の深い愛を再確認することができたのでしょうか、別れてから「本当に旦那のことが好きだとわかった」と。

あなたがもし件の男性ともう一歩先に踏み出しても、おそらく彼女と同じ結果になるのではないかと思います。愛するご主人を裏切って愛情を再確認するのか、このままパーシャル（ビミョー）な関係を維持するのか、ピシャリと遮断してしまうのか。どれがいいかはあなたが決めることです。

私が女だったらどうしますか、というのは些か無理がある質問ですね。

まあ、たとえ女になっても、私の性根は変わらないでしょうから、迷わずヤってしまうと思います（笑）。ああ、私のマネはしないほうがいいですよ。

フェル先生のズバリひと言。

from Mr. Ferdinand

適度な距離感。

いまのこの「ビミョーな関係」というころが、本当は一番楽しい時期なんですけどね。ここから一歩踏み込んでしまうと、（無論セックスは楽しいでしょうが）何かと悩むことが増えてくる。この方には〝適度な距離感〟が一番です。

Case 13

いまの彼氏に不満はないけれど、関係をもった上司にも結婚を迫られています。

いつも楽しみに拝読させていただいております。

私は5年前から付き合っている2歳年上の彼氏と、4年前から同棲しています。もともと同じ会社に勤めていたのですが、私が転職を行ったのでいまは別々の会社です。

お互いに結婚願望がうすく、そんな話にはならなかったのですが、最近、私は子どもが欲しいかもしれないと思い、少しだけ話をしてみたりしていました。

ちなみに彼が単独ローンを組んで、すでに家を買っているので事実婚状態といえるかもしれません。彼はそんなつもりはないようですが。お財布等は別々で、私が家賃を払っています。

今月、キャリアアップのために3社目の会社に私は転職しました。私を採用してくれたのがチームリーダーで直属の上司（36歳）にあたります。その上司と長期の泊まりがけの出張に行ったところ、夕食をともにすると、私も上司もかなりお酒が好きだということが分かり、意気投合して初日は12時前ころ、2日目は2時といったように深酒になり、とうとう3日目からは部屋で飲みはじめ、最終日にセックスまでしてしまいました。

上司は見た目がとてもカッコよく、スマートで仕事も完璧にできるタイプで、今年も成果を上げたので年齢的には異例の昇進も目前です。

でも昔はかなり遊んでいたようで、女性の扱いには手馴れており、そんな人は自分とは違う世界に生きていると思っていたので目の前の現実がどうにもふわふわとして見えてしまいます。

上司からは結婚を前提に付き合って欲しいと言われています。もし結婚しても、社内では配置転換などで私が不利にならないよう全力を尽くすし、仕事が好きな私のキャリアも応援すると言ってくれています。

しかし上司のキャリアを考えると、部下に手を出した形になるのが好ましくないのは目に見えています。上司はとても魅力的で好きになってしまいそうなのですが、まだ出会って1カ月ほどで、しかも別の男性と同棲中の浮気ですので、時間をかけて判断することもできず、どう決めたらよいのか迷っています。

上司とは今後も1週間に一度は一緒に泊まりの出張がありますし、仕事上でも教えてもらう相手なので、うまくいかなかった場合にはパートナーと職の両方を失うリスクがあります。

いまの彼氏とは長いので不満がないことはないですが、いまの生活は楽しく続いて欲しいと思えるんです。

でも彼は私に何かあったようなのは気付いていると思うほど、いまの私は挙動不審になってしまっています。

この歳で自分の意思で起こしたことなのに思いがけず自分でコントロールできなくなっています。

何かアドバイスいただけると大変嬉しいです。何卒よろしくお願い申し上げます。

（30歳・女性・会社員）

Answer

ご愛読いただきありがとうございます。今回はご当欄愛読謝恩回答といたしまして、センテンスごとに回答していきたいと存じます。

少し長くなりますが、最後まで読んでいただければ幸甚です。

いつも楽しみに拝読させていただいております。

ありがとうございます。ご愛読感謝いたします。

私は5年前から付き合っている2歳年上の彼氏と、4年前から同棲しています。

Answer

ほうほう。

もともと同じ会社に勤めていたのですが、私が転職を行ったのでいまは別々の会社です。

なるほど。

お互いに結婚願望がうすく、そんな話にはならなかったのですが、最近、私は子どもが欲しいかもしれないと思い、少しだけ話をしてみたりしていました。

ははは。チキチキマシン猛レースの実況中継をする野沢那智さんの名調子を思い出しました（笑）。

ちなみに彼が単独ローンを組んで、すでに家を買っているので、事実婚状態といえるかもしれません。彼はそんなつもりはないようですが。お財布等などは別々で私が家賃を払っています。

ちゃんとお金を入れているんですね。偉い。

今月キャリアアップのために3社目の会社に私は転職しました。

30歳で3社目？　そりゃキャリアアップじゃなくて単なるジョブホッパーでしょう（笑）。

私を採用してくれたのがチームリーダーで直属の上司（36歳）にあたります。その上司と長期の泊まりがけの出張に行ったところ、夕食をともにすると、私も上司もかな

Answer

りお酒が好きだということが分かり、意気投合して初日は12時前ころ、2日目は2時といったように深酒になり、とうとう3日目からは部屋で飲みはじめ、最終日にセックスまでしてしまいました。

出張に行って毎晩遅くまで飲んで、挙句が部下とセックスですか。その男、ロクな仕事をしとらんな。

上司は見た目がとてもカッコよく、スマートで仕事も完璧にできるタイプで、今年も成果を上げたので年齢的には異例の昇進も目前です。

それでも偉くなれるんだ。良い会社ですね。

でも昔はかなり遊んでいたようで、女性の扱いには手馴れており、そんな人は自分とは違う世界に生きていると思っていたので、目の前の現実がどうにもふわふわとして見えてしまいます。

断言します。昔遊んでいた人はいまも間違いなく遊んでいます。

上司からは結婚を前提に付き合って欲しいと言われています。

お！

もし結婚しても社内でも、配置転換などで私が不利にならないよう全力を尽くすし、仕事が好きな私のキャリアも応援すると言ってくれています。

全力を尽くしたけどダメだった。ゴメン。みたいな。

Answer

しかし上司のキャリアを考えると、部下に手を出した形になるのが好ましくないのは目に見えています。

結婚するのであれば別に問題ないでしょう。

上司はとても魅力的で好きになってしまいそうなのですが、まだ出会って1カ月ほどで、しかも別の男性と同棲中の浮気ですので、時間をかけて判断することもできず、どう決めたらよいのか迷っています。

なりゆきでいいんじゃないすか。

上司とは今後も1週間に一度は一緒に泊まりの出張がありますし、仕事上でも教えてもらう相手なのでうまくいかなかった場合にはパートナーと職の両方を失うリスクがあります。

これから毎週社費でオメコ旅行に行けるんですね。羨ましいなぁ。

いまの彼氏とは長いので不満がないことはないですが、いまの生活は楽しく続いて欲しいと思えるんです。

なるほど。

でも彼は私に何かあったようなのは気付いていると思うほど、いまの私は挙動不審になってしまっています。

いやいや、男はニブいですからね。案外バレていないものですよ。

この歳で自分の意思で起こしたことなのに、思いがけず自分でコントロールできなくなっています。

何かアドバイスいただけると大変嬉しいです。

Answer

5年間も同棲してるけど、なんか男が煮え切らなくて、職もコロコロ変わるけど、新しい職場の男と酔った勢いで一発ヤったら結婚してくれと言われて、嬉しいけど前の男は男で保険として取っておきたいので困ったわ。と思う股の根も乾かぬうちに来週は仙台出張でキリタンポ食ってセックスします……的な。

激しくバカっぽくて体中の筋肉が弛緩してしまいましたが、アドヴァイスを差し上げましょう。

同棲彼氏に対しては「会社で結婚を前提に交際して欲しいと上司に告白された」と、そして上司の方には「5年間同棲している彼氏がいて、現在も続行中」と、それぞれ正直に申告してください。

この先どこかのタイミングで、必ず何らかの形で決着を着けなければいけない日がやってきます。いまのまま、つまり双方に隠しごとをしながら進めていくと、バレた際の被害は甚大です。

同棲彼氏が「それならその男と結婚すれば？　俺の家からは明日出ていってね。バイバイ」と言われるかもしれませんし、上司からは「そんな男がいたとは知らなかった。このビッチめ。会社も辞めろや」と言われるかもしれません。

ですが、このままズルズル進めると、必ずやさらにひどい結果が待っています。

しかし、すべてはご自身が積み重ねてきたことの結果です。

煮え切らない彼氏のせいでも、女癖の悪い上司のせいでもない。30歳という節目の年で、いままでの膿がイッキに噴出するのです。ここで一旦身ぎれいになり、今後の人生に対して真剣に向き合うことを心から推奨いたします。

from Mr. Ferdinand

「行く末知らず。

フェル先生の**ズバリ**ひと言。

この女性はその後どうなっているのでしょう。双方の男にバレて会社にも居づらくなり4度目の転職をしているかもしれませんし、うまい具合に3P関係になり、毎週3人でセックスをしているのかもしれません。どうでもいいですが。

のテーマですね。

PART 5

不倫のご相談、世界共通、永遠

たった一度の関係から泥沼へ……。かと思えば、純粋に相手を思う不倫もある。どちらにしても、わかっているけど止められない心とやめられない関係を、多方面に経験豊富なフェル先生が、ケース・バイ・ケースにお答えします。ただし、バッサリいってますから。

Case 14

不倫を後悔しています。

昔を忘れて、前向きに生きるには？

昔の不倫相手の呪縛から離れられません。よくない恋愛をしていました。何の覚悟もなく、好きだからという理由だけで既婚者の男性と関係をもってしまいました。その後、相手の奥さんへの罪悪感や、ばれてしまう恐怖心などから、メンタルを壊し心療内科に通っていました。

そこで私の方から連絡を絶ち、自然消滅という形で別れたのですが、彼とは共通の知人が数人いて、知人と会うと自然と彼の名前が話題にあがることもあり、別れてから2年以上も経つのに、いまだに名前を聞くたびに目眩《めまい》がします。

いまは、好きも嫌いもないのですが、ただただ、彼の名前を聞くことがあると、どうしようもなく具合が悪くなるんです。不倫していた彼の名前を聞きたくないので、仲が良かった共通の知人とも関係を断ち切っています。

不倫相手と復縁したい気持ちは微塵《みじん》もありません。うまく言えないのですが、自分の人生にできた汚点を直視できないような感じで苦しくなります。夜にふと過去のことが頭をよぎっては吐き気に襲われてしまったりします。あんな愚かなことをした自分のことが許せなくて、自己嫌悪から抜けられません。不倫相手との思い出は薄れていきますが、自分が不倫したことのある女なんだという自覚はいつまでたっても消えません。

いまはきちんとした相手と付き合っているのですが、新しい彼と楽しくデートをしている間にも、ふとしたときに「自分は不倫した人間だから、もしそれがバレたら全部終わりだ」とひとりで勝手に落ち込んだりしています。彼と話していて、たまたま最近不倫した芸能人の話になったときにも、恐ろしくて叫びだしたい気分でした。

なんであんなことしてしまったんだろうといまでも悔やんでいます。記憶喪失になれたらどんなにいいだろうと思いつつ、できれば過去の出来事にいつまでも怯えずもう少し楽に生きていけたらと願ってしまいます。そのためには、どうしたらいいですか。

情けない話ですが、助言をいただけると嬉しいです。よろしくお願いいたします。

（24歳・女性・会社員）

Answer

一時の気の迷いとはいえ、既婚者の男性と関係をもってしまったと。

その罪悪感、嫌悪感から逃れることができず、関係を絶ってからすでに2年も経過しているのに、いまなおフラッシュバックに苦しんでおられると。

なるほど。それは大変ですね。おつらかったでしょう。この手の悩みはなかなか人に相談できませんから、すべてをひとりで抱え込んでこの2年を過ごしてこられたのでしょう。どんな悩みにせよ、吐露《とろ》できないと心の奥底に悩みの澱《おり》は沈殿していってしまいます。解決の糸口も見つけ難い。かように大きなお悩みを、よくぞこの私にご相談くださいました。ありがとうございます。精いっぱい回答いたします。

それにしてもあなたのように清廉な女性はいまどき珍しい。

昨今の女性のモラルハザードは凄まじく、他人の亭主を寝取ることなど屁とも思っていない。それどころか、「結婚してくれとシツコク言ってこないから安心」と、あえて既婚男性ばかりを求める不倫ハンターもいるくらいです。

そうした連中から比べれば、あなたはそれこそ天使のような存在です。いまの世の中に、あなたのような清い心の持ち主がいらしたとは！　日本の将来も捨てたものではありませんね。私はいま少なからず感動しています。いや実に美しい。

しかし清らかで純白な天使の心は、また汚れやすく壊れやすくもある。

あなたの心は、不倫という業火《ごうか》に炙られて、少しばかり煤を被っている状態です。煤けた心には専門家による煤払いが必要です。いますぐ心療内科の受診をお勧めします。過去に受診されたことは、あなたからの質問で理解しています。

しかし残念ながら、その治療はいまだ終了していない。キチンと煤払いが終了するまで、正しい治療を続けなければいけません。

あなたを診療したドクターは、正しい治療をあなたに施してくれたでしょうか。

心療内科の先生には、ハッキリ言って「当たり外れ」があるのです。

ご存知かどうか、心療内科の保険報酬は非常に安価です。毎日たくさんの患者を診て、数をこなさないと食べていけない仕組みになっています。もともと評判の良かったドクターが、開業して何年かすると、「5分診療」の〝流れ作業型〟センセイになっ

Answer

ていた……、なんて残念な事例はたくさんあります。
「眠れない」といえばすぐに睡眠導入剤を出す。
「最近うつで」と訴えれば、即座に抗鬱剤を出してくれる。

患者の訴えに応じてコロコロと薬を変えてくれる。取り敢えずはこちらの要望を聞き入れてくれるから、「あそこの先生は良い先生」と、不当に高い評判になったりもする。

これは医師のモラルの問題だけでなく、保険診療の構造上の問題でもあるのですが、それをこの場で憂いても仕方がありません。自分の心は自分で守るしかありません。自衛するしかないのです。可能な限り情報を集めて、「本当に良いドクター」を見つけ出してください。

心療内科を受診することは、悪いことでも恥ずかしいことでもありません。安定した心を取り戻すためには、専門家の助けを借りた方が、早いしラクだし何よりも確実です。

共通の知人との関係も遮断するなど、いまの状態を続けていると、あなたの世界はどんどん狭まってしまいます。まだお若いのに、自ら世間を狭めるような生き方を選ぶことはないでしょう。あなたの将来には、輝かしく無限の未来が広がっています。すぐに専門家のドアを叩いてください。まずはドクターのリサーチです。

何か助言を、とのことですが、私がいまのあなたに「こうしなさい」と言うことは、所詮は民間療法レベルの話です。根本からの解決にはなりません。

それでも何かひとつ、と仰るのであれば、いまの彼氏とたくさんデートをなさいな。そして思い切り甘えていらっしゃい。周囲からバカップルと思われるくらいにベタベタすればいい。でも彼氏には決して過去のことを話してはいけませんよ。これからの人生、例のことを話していいのは心療内科の先生だけです。それ以外の人に対しては完全封印してください。

それともうひとつ。編集部経由であなたに他のアドバイスを差し上げます。メールをご覧になってください。

from Mr. Ferdinand

「後悔するピュアな心。

フェル先生の**ズバリ**ひと言。

何しろこの本の元になった人生相談の連載には、不倫上等のスケベ人間の質問で溢れていますからね。いまどきこのような清廉な女性がいるのかと、驚嘆いたしました。少しは気持ちが落ち着かれたでしょうか。良いお嫁さんになりそうな方ですね。

Case 15

不倫の恋に目がくらんでいる?「妻とは別れられない」と言われても……。

バツイチのアラフォー会社員です。

最近付き合い始めた彼がいます。

最初は向こうから口説かれて、だったのですが、いまはなんでもっと早く出会わなかったのだろう、と思うぐらい大好きです。

いい時も悪いときも、いままでの彼氏には嫌がられていたようなワガママだったり、アンバランスな部分も含めて全部受け止めてくれて愛してくれる。こんな人初めてで、エッチの相性もこれ以上の人はいないかもしれないと思うぐらい良いです。

私は彼とずっと一緒にいたいし、できれば結婚して子どもが欲しいのですが、彼からはそれはできない、だけど一生大事にするし、命をかけて幸せにする、と言われています。

というのも、彼には何年も半別居状態の奥さんがいて、家業やらいろいろ複雑な理由があって別れられない、別れないと決めたとのこと。

私は、彼の気持ちに嘘はないと信じているし、私も愛のない結婚よりは結婚できなくても一生幸せにする、と言ってくれる人のほうがいい、と思ったりもする反面、彼はいいとこ取りで何も責任を取ろうとしてない、ずるい人だって言う友達もいます。

そうかもしれない、と思うけど、それでも私をこんなに幸せな気持ちにしてくれるなら、それでもいいじゃないか、と思ったりもしています。

子どもだってもうこの年齢になるともうできないかもしれないし、〝結婚して子ども〟という価値観そのものが正しいのかどうか、自分が本当にそれを求めているのか分からなくなっています。

とはいえ、彼とは年齢もひと回り以上離れているので、このまま一緒にいたとしてもいずれ彼のほうが先に死んでしまうし、不倫関係なんて誰にも認めてもらえないんだからひとりになったときに後悔するよ、と言われると、やっぱり彼のことは諦めて、普通に結婚して一緒に子どもを持ってくれる人を探したほうがよいのか、と悩んでいます。

私は、不倫の恋に目がくらんでいるバカな女でしょうか？

彼は、年上で不倫だから余裕があって、責任がないから私に優しくしてくれる、ということなんでしょうか？

いまは付き合い始めたばかりで浮かれているだけで、やっぱり不倫に未来はなくて、幸せになんてなれないのでしょうか？

勇気をもらう励ましコメントが欲しいのか、ばっさり切って目を覚まさせて欲しいのか、自分ではそれさえも分からないですが、アドバイスお願いします。


（36歳・女性・会社員）

Answer

恋するアラフォーのバツイチお嬢さん。

不倫相手に「一生大事にするし、命をかけて幸せにする」と言われて幸せイッパイの気持ちですか。

それはようございました。いまどきそんなセリフをバシッと言い切れる男は居やしませんから、彼氏はきっと男気のある、男から見てもいい男なのでしょう。

セックスの相性もこれ以上ないくらいにいいと。

そりゃまた結構。セックスは最終的には〝相性〟がすべてです。ピッタリと性の波長が合う相手に巡り逢うのは実は非常に難しいものですから、もしかしたら彼氏は運命の人なのかもしれません。いまのうちに存分にお愉しみあそばせ。


ですが、ちょっと冷静になって考えてみてください。

「一生大事にするし、命をかけて幸せにする」。この男気溢れるナイスなセリフ。どこかで似たような言葉を聞いた気がしませんか。

そう。あなたと離婚した元ダンナが、プロポーズする際にあなたに言った言葉です。無論一語一句合致はしていないでしょうが、同じようなニュアンスであなたに愛を囁いたはずです。そしてその言葉に、ものの見事にコロッといって、結婚したのは他な

Answer

らぬあなた自身です。

なに？　別れた亭主はいまの不倫相手とは違い最低のクソ野郎だった？

なるほど。そんなにひどい男でしたか。しかしその男を敢えて選んで結婚したのはあなたです。あなたの選球眼はその程度のものですか。

さらにこのセリフ。別の時期に別の場所でも囁かれています。

そう、あなたの不倫相手が、その〝いろいろ複雑な理由があって別れられない、別れないと決めた〟とやらの半別居状態の配偶者にプロポーズした際に吐いた言葉です。彼だって結婚当初はまさかこんな状態になるとは夢にも思っていなかった。でなければ「一生大事にする」なんて大ゼリフはなかなか切れませんもの。

あなたの気持ちも、不倫相手の気持ちも、結婚当初から大きく変わってしまっている。でもそのことに関しては誰も責められない。人間の気持ちは変わるものだからです。おふたりのいまの気持ちだって、同じテンションがいつまで持続するかは分からない。彼の言葉にウソはないでしょう。本当にそう思ってあなたに囁いているのだと思います。ただしそれは、〝現段階では〟という条件が付いていることを忘れないでください。

どんな形であれ、不倫の恋は盛大に燃え上がるのです。私はヤメロともこのまま突っ走れとも言いません。あなたがしたいようにすればいい。

ですがいまのふたりの高いテンションは、時期が来れば必ず緩んでくることは理解しておいてください。その時期がいつになるかは誰も分からない。2年後かもしれないし、10年後かもしれない。そのときあなたは47歳で、不倫相手は60代前後です。そこでサヨナラとなったとき、あなたはどうなるか、またどうするか。

もう一度言います。人間の気持ちは必ず変わるのです。

from Mr. Ferdinand

「ケツ捲《まく》る男。

フェル先生の**ズバリ**ひと言。

「一生大事にするし、命をかけて幸せにする」ですって。ははは。口ではなんとでも言えますからね。こういう男は、女に興味がなくなったらサッササとケツを捲って逃げてしまいます。いまごろはもう逃げているかもしれませんね。

Case 16

不倫相手の女性と略奪婚するには？不倫から抜け出して、彼女と結婚したいです。

フェル先生こんにちは。本当に困っているのでよろしくおねがいいたします。

私には2年前から付き合っている彼女（私より4つ年上です）がいるのですが、彼女は家庭をもっています。子どもはいません。夫婦生活がどうなっているのかは分からないし、どちらにせよ、私の気持ちは揺らがないので聞いていません。

彼女は毎日夫のいる家に帰ってしまいますが、私のことも愛してくれているようです。彼女と過ごす時間は本当に幸せです。彼女も、私と一緒にいたいと言ってくださいます。

仕事終わりなどに時間を作って、ちょこちょこ逢瀬を重ねています。家庭のある人なので、家に帰る彼女を引き止めることはできませんが、もし離婚してくれるのなら彼女の夫に慰謝料を払う覚悟も、いまの夫より彼女を幸せにする自信もあります。

彼女はどうするか悩んでいるようで、もうかれこれ付き合い始めてからずっと不倫状態が続いています。早く不倫から脱出して彼女を奪ってしまいたいのですが、どうしたらいいかわかりません。

彼女の決心がつくのをじっと待つべきでしょうか……。

もう十分待った、というような気もします。

彼女の夫に感づかれるまで、ずっとこのままの関係が続くのはいやです。

フェル先生、情けない話ですが、ご助言いただけますか。よろしくおねがいいたします。

（29歳・男性・営業）

Answer

ははぁ、４歳年上の女性と2年間も不倫関係が続いていると。

貴君は29歳とのことですから、お相手の不倫妻は33歳ですね。

ボチボチ夫婦関係に〝飽き〟や〝諦め〟や〝惰性〟などのさまざまなマイナス要素

Answer

が湧き出てくるお年ごろである一方で、体の開発は順調に進み（本当のオルガスムは30歳を超えないと得られないといわれています）、女性として脂の乗り始める時期ですから、セックスも最高に楽しいでしょう。

いや、結構ですなぁ。盗み食いってのは最高にコーフンしますからね。若い貴君には堪らないシチュエーションでしょう。

で、貴君はその不倫妻を旦那から奪い取って、結婚を希望されていると。所謂《いわゆる》略奪婚ですね。

なるほど。かなりキワドイご質問ですから、ここは慎重にお答え申し上げましょう。少し説教がましい話をしますが、現状を冷静に把握しておかないと先には進めませんからね。我慢して聞いてください。

まず第一に、お二方は〝不倫関係〟にあるということを十分に理解してください。彼女には家庭がある。しかも状況から察するに、その家庭にあまりギクシャクした様子は見受けられない。貴君は〝幸福な家庭の主婦〟を摘み食いしているわけです。

これ、ものすごくコーフンするんですよ。

相手の夫がギャンブル狂いのDV野郎とか、借金まみれのカードローン君だったりしたら、貴君の興味は間違いなく半減します。もちろん彼女自身は魅力的な女性なのでしょうが、〝幸福な家庭〟を陰ながら蹂躙《じゅうりん》しているという後ろめたい精神的満足感は、間違いなく〝彼女の魅力〟を倍増させています。

貴君は認めたくないでしょうが、人間は誰もがそうした薄汚い闇の部分を持ち合わせているのです。彼女が単なるアラサーの独身女性だったら、逢瀬のごとに、時計を気にしながら慌ただしく身支度する姿がなかったら、貴君のボルテージはここまで上昇しているでしょうか。このあたりは冷静に考えなければなりません。

もうひとつ。不倫する女性には圧倒的にリピーターが多いということを知るべきです。晴れて彼女を略奪し、結婚したとします。そうですね。3年もすれば彼女は同じ

Answer

ことをすると思います。

主婦の不倫は吐き気がするくらいにたくさんあるのですが、不倫市場を俯瞰《ふかん》すると、参加者は実はリピーターが圧倒的に多い。不倫をする人は再び不倫をするのです。つまりは貴君も将来的に彼女の寝取られ亭主と同じ目に遭う可能性が際めて高い、ということです。

え？　彼女はそんな人間じゃない、ですって？

ははは。それならなぜ彼女は貴君と浮気をしているのですか。なぜ彼女は貴君のチンポコを咥え込んだ後に、平気な顔をして家に戻れるのですか。彼女が「そういう人」だからです。それとも何ですか、貴君は「自分だけは特別」とでも思っているのですか。自惚れるのもいい加減になさいな。彼女の寝取られ亭主だって、俺だけは特別と思って彼女と結婚したのですよ。それがいまではこのザマです。

そうそう。自惚れなさんなということに関してもうひとつ。「いまの夫より彼女を幸せにする自信もあります」って、この発言、何を根拠に仰っているのですか。見たことも話したこともない男とご自身を比較されて「自信もあります」って。これ、ケンカ自慢の中坊と同じレベルじゃないですか。他校の生徒と抗争になりかけて、「あんな野郎にゃ負けねーよ」と意気がっているガキと一緒じゃないですか。少し頭を冷やしなさいよ。

それでも彼女を略奪して結婚したいと思うのであれば、まず重要なのは彼女の意思確認です。「どうしたらいいかわからない」のであれば、相手に自分の意志を伝え、相手の気持ちを聞きなさい。私に聞くより、当人に聞いたほうが千倍早いし1万倍は確かです。

少なくとも、いまのままでは10年経っても状況は変わりません。変化を求めるのであれば、自分から動かなければいけません。待っていても何も変わりません。

今夜ベッドに入ったら、胸に手を当てて「自分はどうしたいのか」を自問自答してみてください。

from Mr. Ferdinand

「略奪婚。」

フェル先生のズバリひと言。

女性が資産家のダンナを略奪婚する場合は、女性の側に初めから一定の「割り切り」がありますからうまくいくケースも多いのですが、男性が女性を略奪する結婚は、先々破綻することが多いです。相手が浮気の常習犯であることをお忘れなく。

Case 17

夫の性欲が薄くて不倫がやめられない。でも心穏やかになれるんです。

フェルディナント・ヤマグチ先生、こんにちは。

先生のコラムが大好きでいつもいろいろな雑誌で拝見しています。真剣に悩んでいるので、よろしくお願いします。

わたしは結婚13年目、子どもなしです。この間に2人浮気をしました。

わたしの目的は肉体関係です。チヤホヤして欲しいや、恋愛気分を楽しみたい気持ちはありませんが、そういう部分も含めて（食事やお酒を飲んだり、好きと言って欲しいなど）付き合っています。

夫のことは大好きで、わたしを大切にしてくれます。一緒にいることに不満はありませんが、性欲がほとんどないところが不満です。他の男性と会えばその不満は解消され、心穏やかでいられます。

彼らと会わないと、イライラして夫に八つ当たりをしたりしてしまいます。本当は、夫だけを見ていたいのに、足りない部分を埋めようとしてしまう自分がイヤです。浮気相手と会えば、それなりに心が乱されたり、他のことに集中できなくなったりするので、こんなことは時間の無駄だと思うのに、体を求めてしまいます。

もし夫にバレたら、どうなるか。

想像はしますが結構あっけらかんとしています。

浮気相手と一緒になることはまったく望んでいません。ダメな部分が分かっていて、割り切れるのに関係をやめないわたしは、バカだと思います。自己嫌悪に陥るのに浮気をやめられない。

どうしたらいいでしょうか。

（42歳・女性・Ｗｅｂライター）

Answer

当欄だけでなく、他の雑誌に掲載されている私の文章もご覧いただいているのですね。ありがとうございます。ご愛読感謝です。熱心な読者さんからの質問ということで、今回は特別に当欄の〝仕組み〟からご説明いたしましょう。

誠にありがたいことに、当欄には毎週たくさんの質問が寄せられています。具体的な数字は運営会社の方針により公開できませんが、ともかく「世の中は悩みで溢れているのだなぁ……」と妙に得心するに十分なほど、数多くのメールを毎週頂戴しています。

ジャンル分けすると、最も多いのが恋愛に関するお悩みで、全体量の8割程度になるそうです。「そうです」と伝聞風に書いたのにはもちろん理由がありまして、実は私、いただいたメールのすべてを読んでいるわけではないのです。たくさんのご質問のなかから、「これだ」という物を編集部がセレクトし、毎週1本ずつ私に転送してくる、そういう仕組みになっています。

私が選ぶと、どうしてもセックスがらみの不倫ネタばかりに偏向してしまうことが見えているからでしょうか。この方式は創刊以来ずっと続いています。担当編集者が代替わりしても、それは変わらずに継承されています。

編集の方が目を通したものですから、転送されて来る質問は当然一定のクオリティが保たれています。保たれている筈なのですが、今回の文章はひどい。まったくもって支離滅裂。何を言いたいのかサッパリ分かりません。まるで中国から送られてくるスパムメールのような文章です。

Ｗｅｂ上に文章を書くことがご職業とのことですが、いったいどのようなメディアに寄稿されておられるのでしょう。キュレーションサイトの下請けとかですか。

とはいえ、せっかくお送りいただいた質問です。詳細に順を追ってお答えいたしましょう。

Answer

フェルディナント・ヤマグチ先生、こんにちは。

はい、どうも、こんにちは。

先生のコラムが大好きでいつもいろいろな雑誌で拝見しています。

それはありがとうございます。本も買ってくださいね。

真剣に悩んでいるので、よろしくお願いします。

かしこまりましてございます。

わたしは結婚13年目、子どもなしです。この間に2人浮気をしました。

お盛んでいらっしゃいますね。

わたしの目的は肉体関係です。チヤホヤして欲しいや、恋愛気分を楽しみたい気持ちはありませんが、そういう部分も含めて（食事やお酒を飲んだり、好きと言って欲しいなど）付き合っています。

それこそを正に恋愛気分というのですよ。

夫のことは大好きで、わたしを大切にしてくれます。

ようございました。

一緒にいることに不満はありませんが、性欲がほとんどないところが不満です。

Answer

結局不満なんですね。

他の男性と会えばその不満は解消され、心穏やかでいられます。彼らと会わないと、イライラして夫に八つ当たりをしたりしてしまいます。

浮気をすることにより、心が穏やかになる。多くの不倫女性が同じことを仰います。

本当は、夫だけを見ていたいのに、足りない部分を埋めようとしてしまう自分がイヤです。

浮気をした女性の自己嫌悪。よくあることです。

浮気相手と会えば、それなりに心が乱されたり、他のことに集中できなくなったりするので、こんなことは時間の無駄だと思うのに、体を求めてしまいます。

あれ？　浮気すると心が穏やかになるんじゃなかったでしたっけ？　それに時間の無駄って。不倫をする時間はあるんですよね。

もし夫にバレたら、どうなるか。想像はしますが結構あっけらかんとしています。

文章の意味がよくわかりません。最悪の結果になってもまぁ良いわ、ということですか？　Ｗｅｂライターを職業とされているのなら、もう少し分かり易い文を送ってください。

浮気相手と一緒になることはまったく望んでいません。

Answer

ははははは。そりゃ向こうも同じですよ。あなたとは所詮、体だけの相手なんですから。

ダメな部分が分かっていて、割り切れるのに関係をやめないわたしは、バカだと思います。

「割り切れる」からこそ関係が続いているのでしょう。普通は「割り切れない」でいるのに関係をズルズル続けてしまうから悩むんですよ。まあバカと自覚されているようでなによりです。

自己嫌悪に陥るのに浮気をやめれない。どうしたらいいでしょうか。

このままでいいんじゃないですか。あと2年もしたら、浮気相手から飽きられて捨てられて、何も知らない善良なご主人と平凡な生活に戻るだけの話です。老後は介護施

設で「昔はダンナの他に彼氏がふたりもいたのぉ」とか自慢して、入所者仲間からの失笑を買ってください。

あなたも42歳なんですから、たかがショボい浮気ごときで自己憐憫《れんびん》に浸かっても、ご自身を正当化できないことくらい、いい加減に気付きましょう。しかしご主人も哀れですなぁ。なんかメシでも奢ってあげたいです。

ということで、飽きられるまで存分に浮気生活をお楽しみください。

from Mr. Ferdinand

「次から次……。

フェル先生の ズバリ ひと言。

このご相談が来たのが1年と少し前。そろそろ不倫相手に飽きられて、捨てられたころでしょう。まあでも精神的に逞しい方のようですから、新しい不倫相手ができて、変わらず元気にズボズボやっておられるのでしょう。

けたいです。

PART 6

色恋のトラブル、修羅場だけは避

遊びの関係でも、不倫や離婚でも、ちょっとした油断や嫉妬が大きなトラブルの種になることがあります。SNSの投稿やスマホに保存された猥雑な写真に関することから、不倫続行中の人の行動、ふるまいに至るまで、フェル先生が厳しくご注意くださいます。

Case 18

不倫現場の写真を発見し、修羅場です。

夫の不倫を忘れる方法はありますか。

初めまして、とてもつらくてご相談させていただきました。

結婚7年目の夫婦、ともに37歳の妻です。夫が職場で出会った派遣の女性と1年間不倫をしているあられもない（裸などの）数々の写真をたまたま見つけてしまい、修羅場になっています。

離婚するにもまだ気持ちが収まりません。不妊治療中に騙され裏切られた気持ちと、視覚から入ってしまった情報がフラッシュバックして苦しいです。

よく聞く妻だけEDとかいうもので結婚前からレスなので、浮気は仕方ないとも思っていましたが、バレるという詰めの甘さにも腹が立ちます。

自分はレスで悲しくても、夫のことが好きだし他の人とセックスするのは想像できないし、そんなことをしたら罰が当たると思っていました。

ステキだなと思う人がいても、話すことはおろか、目も合わせないし、そういう雰囲気にもならないようにしていました。夫でなければ意味がないからと。

でもいま、そんな生真面目で純粋に相手を想い続けた自分が悪いのかなと思ってしまいます。

情けなくてバカバカしくも思います。

大好きな夫の体のひとつひとつが、別の女性というのはもちろんですが、結婚したらあり得ないはずの、新しい恋愛とセックスの楽しさを味わったことが羨ましくもあって仕方ないのです。

苦しいけど羨ましい。

自分ももっと気楽に楽しめたら楽になれるのかなとか、夫への気持ちが薄れているいま、自分も一度はそういうことをしてみたい、そんなことを思う自分はやっぱり良くないですか？　離婚しないとしたらどうやって思い出さずにいれるのか知りたいです。

（37歳・女性・主婦）

Answer

ご主人のスマホでも覗いてしまったのでしょうか。職場のハケンさんとご主人との〝あられもない姿の写真〟を……有り体に言えばハメ撮り写真を見つけてしまったと。

うーむ。これは厳しいですね。

その写真をご覧になったときのあなたのショックの大きさたるや、いかばかりのものか。あなたはいま私の回答を読みながら、身の毛が総立ちになり、吐気と悪寒と頭痛と目眩が同時に起こる強烈なフラッシュバックに襲われているのかもしれません。

世の中に亭主の浮気は数あれど、当人がハメ撮りをして喜んでいたという変態性、また無防備に撮影を許す浮気相手のバカさ加減、そして社会的信頼をも失いかねない危険な写真を簡単に覗かれてしまうという脇の甘さ。どれを取っても国宝級の大馬鹿野郎です。

愛するご主人を悪く言ってごめんなさい。

しかし普通に考えて、彼は相当な馬鹿であり、ゲスであり、クズ野郎です。

あなたが怒り狂い修羅場になるのは当然です。彼はあなたに刺し殺されなかっただけでも大儲けです。

おふたりは不妊治療の最中にあったという。子作りのためのザーメンはあなたの膣内ではなく、クリニックでエロ本を渡された上で試験管の中に出していた。それなのに浮気のためのザーメンは、(写真を撮って楽しみながら)キチンと最後までセックスをして、ハケンさんの腹の上に出していた。

あまりにも非道い。外道の所業としか言いようがない。


あなた方は事件発覚後も一緒に暮らしているのですか？　だとしたらあなたの忍耐力も相当なものだ。辛抱強いのは結構ですが、ムリはいけません。そこまで自分の気持ちを押し殺していると、徐々に心が蝕まれていきます。顔を合わせるのもおつらいでしょうから、しばらくの間、ご主人に出ていってもらい、あなたの気持ちが落ち着くまで離れて暮らしたほうがいいかもしれません(あなたが出て行くのではありませんよ。すべての責任を負うべきご主人に出ていかせるのです)。

Answer

さて、ご質問はふたつでしたね。

ご自身も彼と同じように、いちど婚外恋愛を楽しんでみるのは是か非か。そしてこの屈辱を、どうしたらきれいサッパリ忘れることができるのか。

まずひとつ目。浮気への挑戦。

これはお勧めしません。あなたには向いていないからです。

相談者が平気で浮気をできるタイプの女性であれば、「ウサ晴らしにバンバン遊んでいらっしゃい」と焚きつけるところですが、あなたはご主人に操を立て、他の男性と話すことはおろか、目も合わせないようにして暮らしてきた（いささか度が過ぎた）潔癖症の人間です。自棄《やけ》っぱちで火遊びをしても、大ヤケドをして終わるに決まっています。

頭にカッカと血が上った状態で好きでもない男性に抱かれても、余計に虚しくなることは知れ切っている。そもそも恋愛のド素人であるあなたが、ドタバタと相手を探してもロクな相手が見つかりません。どうか自暴自棄にならず、ご自分を大切になさってください。

もうひとつ。どうやってこの大事件を忘れるか。

残念ですが、「忘れる」ことは不可能です。目を背けても、他のことを考えて気を紛らわせようとしても、この忌まわしい事実は繰り返し繰り返しあなたに襲いかかり、その度にあなたを傷付けます。こればかりは時間が経つのを待つしかない。

ですが、時間が経てば必ず傷は癒えてきます。ぽっかり空いた心の穴も、時間はかかりますが徐々に塞がってきます。

これは私が保証する。

幸いなことに、こうした心の自然治癒能力は、男性よりも女性のほうが圧倒的に強いのです。男は昔の女を思い出してウジウジ思い悩んだりするものですが（私だってそうです）、女性はものの見事にスパっと忘れ去ることができる。それはもう見事な

Answer

ものです。

アドバイスをひとつ。

心に豊かな栄養を与え続けると、この自然治癒能力は格段に高まります。しばらくは思い切り泣いて、彼に皿や茶碗等を投げつけて（花瓶や重い灰皿はいけません。当たりどころが悪いと相手が死んでしまう）、しばらくの間はワガママ放題に暮らして、それからゆっくり本を読んだり映画を見たり旅に出かけたりすればいい。心の休息と栄養補給です。

離婚するしないは、もう少し落ち着いてから考えればいいでしょう。

え？　どうしても一回だけ遊んでみたい？　うーん……、それなら編集部経由で私に連絡を……、いや冗談です（笑）。

注意！

この相談に出てくる浮気亭主だけでなく、ハメ撮りをする人って結構多いんですよね。ハメ撮りはいいのですが、スマホで撮ってはいけません。特にAndroidは。あなたの痴態を、わざわざビッグデーターに残す必要はないでしょう。

Case 19

「不倫はやめなよ」と迫ってくる友達に不倫していることをバラされそうです。

不倫を始めて2年ちょっとになりますが、彼の奥さんには気付かれずにきました。悪いことをしている気持ちもありながら、私の方が彼のことを愛してる、ただ出会った順番が違うだけなんだ、と不遇な恋である不倫を楽しんでいた気持ちも否定できません。まさか自分がこんなに彼を好きになるとは思っていませんでした。

認められない恋である自覚はあったのでもちろん秘密厳守でいたのですが、うっかり不倫していることを友達に話してしまいました。というのも、友達も実は不倫をしていて、その悩みを私に打ち明けてくれたんです。その流れで、「実は私も不倫してて……」と同じ悩みを抱えていることを明かして、不倫ゆえのつらさも嬉しさも友達と一緒に分け合っていたんです。誰にも言えない恋だったので、彼女のように同じく不倫している友達は貴重でした。

けれど最近、私の友達は彼に振られ、不倫を終わらせることになったそうです。それ以来、彼女は私にも「不倫なんていい加減やめなよ、何もいいことないよ、自分が傷付くだけだよ」と何度も迫ってきます。

挙げ句の果てに「すぐバレるよ。バレたほうがいいと思う。私はあなたのこと黙ってるつもりだけど、どこからかきっと漏れるよ」などと怖いことを言います。

彼女に秘密を話してしまった私もよくないのですが、私はもう少し彼と付き合っていたいのに、この関係を友達に壊されてしまうのが怖いです。

不倫友達というと言葉が悪いですが、彼女のことを信頼していたので戸惑っています。最初に話してしまったことが悪いのですが、この先私と彼の関係を守るにはどうしたらいいでしょうか。

不倫というだけで、批判ばかりされるのが悲しいです。

（22才・女性・学生）

Answer

驚きました。まさかこんなことが世の中にあるなんて。運命の悪戯《いたずら》とでもいうのでしょうか。偶然にしても余りにもでき過ぎです。

大学生の火遊びお嬢さん。

失礼ながらあなたのことを調べさせていただきました。私はあなたの大学や交友関係、家族構成などのすべてを把握しています。相談者の身の上を詮索するのはタブー中のタブーなのですが、あなたの登録情報を見て、まさかと思い調べてしまったのです。どうかお許しください。私はあなたのお母様と不倫関係にあります。交際を始めてからこの4月でちょうど2年になります。大学生のお嬢さんがいるとは聞いていましたが、その方からまさか当欄に相談が寄せられるとは……。しかもそのお嬢さんが、あなたのお母様同様に不倫をしておられるとは。血は争えない、とは正にこのことですね。あなたもお母様同様に、行為の最中に涙を流す癖があるのでしょうか。

不倫関係と言いましたが、どうかご安心ください。私の気持ちには一点の曇もありません。私はお母様を真剣に愛しています。私たちが一緒に暮らすことができないのは、単純に出会った順番が違うからなのだと思います。お母様も私のことを愛していると言ってくれています。え？　お父様と仲良くしている。不倫なんて信じられない、ですって？　ははは。大人の女性をナメてはいけません。それくらいのプリテンドは造作もないことです。「すべての女性は女優である」ということを忘れてはいけません。

どうでしょう。あなたは私の告白をご覧になり、どのような気持ちになりましたか。私の勝手な言い草に吐き気を催されたのではありませんか。あるいは私に殺意を覚えたのではありませんか。何が愛しているだこの糞野郎が！　死にやがれ！　そう思ったのではありませんか。

その言葉、そのお気持ちをそっくりそのままあなたにお返ししましょう。これ以上は言わなくても分かりますよね。あなたがこの先に考えるべきは、「彼との関係をどのようにして守るか」ということではありません。「彼との関係をどのようにして断ち切るか」、です。

Answer

他人の亭主のツマミ食い、盗み食いはなんと甘美で燃え上がる行為でしょう。しかし、そうした時間を積み重ねていけばいくほど、あなたの心は汚れ、傷付き、煤けていきます。そしてあなたの心が傷付くのと同じ量だけ、彼の奥様の心も傷付いていきます。

私とお母様の話を聞いて怒りを覚えたでしょう。作り話ですらそれだけムカつくのです。これがリアルであれば、あなたはどんな気持ちになるか。そのリアルが現実である人が、同じ地上で懸命に生きていることを忘れてはいけません。お友達の物言いには些か過ぎた部分もありますが、おおむね正しいことを言っています。彼女の言葉を単なる嫉妬として片付けてはいけません。「彼女に話してしまった私が悪い」のではありません。「不倫をしているあなたが悪い」のです。

下品で不毛な不倫関係にはサッサと見切りをつけて、あなたに相応しいフレッシュな彼氏を見つけてください。

フェル先生の**ズバリ**ひと言。
from Mr. Ferdinand

勝手な生き物。

不倫仲間同士の仲間割れ。自分の不倫が終わってしまった途端に、「不倫は良くない！」とは。いやー。女って勝手な生き物ですね。でも相談者さんも被害者ヅラしてんじゃねーよという感じですね。

Case 20

フェイスブックに彼女の浮気……。彼女を問いつめるべきでしょうか？

25歳会社員です。いつも楽しく拝読させていただいてます。ありがとうございます。

友人の彼女の友達だったいまの彼女と付き合い始めて2年になります。その彼女のことで相談をお願いいします。

お互いに将来は結婚を踏まえた付き合いをしています。

しかし先日、彼女は私には友達と飲みに行くと嘘を言って合コンに参加しました。Facebookで彼女の友人がアップした写真を見て知りました。どうやら友人が私をブロックするのを忘れていたらしいのです。

そこにはカラオケで男の膝の上に座ってはしゃいでいたり、抱きついてキスをしている彼女の写真がアップされていました。当日は友人の家に泊まると言っていたのですが、どうやらお持ち帰りされたようです。

彼女にそのことを話したら、最初は否定していたのですが、問いつめていくと、「私は最後まであなたのこと考えていたんだよ！　それなのになによその言い方は！」と途中から逆ギレして泣き出してしまいました。

その場は慰めながら過ごしたのですが、それからは会ってもお互いに何もなかったように振る舞っています。相手の男と最終的にやったのかどうかは定かではないので、これ以上とやかく言うのもダメかなと思うのですが、冷静になって考えてもどうも納得がいかず、神経性胃炎にもかかり、体重は5キロも痩せてしまいました。

もう一度しっかりと問いつめ、白黒はっきりさせて、もし相手と最後までやっていたのなら、キッパリと別れるべきでしょうか？　あるいはこのまま何事もなかったかのように付き合って行くべきでしょうか？

いまの私にはどうしたらいいのか、いくら考えても最良の答えが見つかりません。

アドバイスをいただけますよう、お願いいたします。

（25歳・男性・会社員）

Answer

結婚を前提として交際している彼女が貴君に秘密で合コンに参加し、酔ってカラオケで乱痴気騒ぎをした挙句にお持ち帰りされてしまったと。それを彼女の友達のFB経由で知ったというところに今回の騒動のポイントがありますね。

FBの件は後で説明するとして、とりあえずはおめでとうございます。

いや、良かった。本当に良かった。

何がって、彼女がお股の緩い女性であることが結婚前に判明したということですよ。

貴君は体重が5キロも落ちるほど悩んでいる。彼女のことを愛し、そして信頼もしていた。一方で彼女は、酔えば男に抱きつき、平気でチューをして、その日に気の合った男性と平気で寝てしまう単純明快な尻軽女であった。

彼女は認めていないようですが、状況証拠から見て彼女が〝クロ〟であることは間違いありません。この先問い詰めたってムダですよ。どこの世界に「はい、実はヤりました」と認める女性がいるのですか。ホテルから男と出てきた現場をおさえたって、彼女は「酔ったから少し横になっただけ」と言うに決まっています。

これって昔は男が使うフレーズだったんですけどね（笑）。

ともあれ、保証してもいい。彼女は結婚しても、〝今と同じペース〟で遊び続けます。そうですね、他の男と寝ない期間はいいところ最初の半年くらい。1年もすれば、彼女は〝元に戻って〟、バンバン浮気しまくるでしょう。

貴君のことを愛しているとかいないとかそういう問題ではなく、彼女は遊ぶのが好きな人間なのです。単純に股がユルい女性なのです。

「性に関して奔放である」。

それ以上でも以下でもありません。そうした女性は一定の割合で社会に存在するのです。残念ながら、貴君の彼女は「そうした女性」であった。それだけの話です。

彼女が吐いた、「私は最後まであなたのこと考えていたんだよ！　それなのになによその言い方は！」という名セリフ。

これがすべてを表している。彼女は彼女なりに貴君のことを愛している。結婚も真

Answer

剣に考えていたのでしょう。それはそれとして、飲みにも行きたい、男にチヤホヤもされたい、できればリスクなくセックスもしたい。問題は貴君がそれをどう捉えるか、ということです。

股が緩く、他の男とも寝てしまうけれども貴君のことは一番愛している。そんな彼女の困った性癖も含め、〝包括的〟に彼女のことを愛することができるのなら、このまま交際を続ければいい。

ですが貴君は今回の一件で神経性胃炎になるほど悩んでいる。

うーん。難しいかもしれません。鷹揚なフリをしていても、どこかで破綻してしまうのではないでしょうか。ムリは長期間続きませんから。

カラオケのチュー写真を貴君も閲覧できるようにUPした彼女のご友人。

これ、貴君に対する警告だと思いませんか。「これが彼女の日常だよ。あなた、それを分かって付き合ってる？」と、（少しイジワルな気持ちも込めて）貴君に教えてくれたのではありますまいか。

馬乗り姿勢やチューの姿など、普通は写真に撮らせないでしょう。スマホを向けたら「ちょっとやめてよぉ。こんなところを撮らないで！」と言うのが自然ではありませんか。つまりはそれが「常態化」している、ということです。

私はサッサと別れたほうがいいと思います。

無論最終的に決めるのは貴君ですが、このまま続けていても、つらい思いをすることばかりが多いのではないかと思います。

from Mr. Ferdinand

「国までも!?

フェル先生の**ズバリ**ひと言。

お股がユルユルにユルユルいヤリマン女性と、結婚を前提に交際中の真面目な会社員くんからのご相談。こうした女性が次々と子どもを産んで、負のスパイラルに陥ることで、わが国の社会保障制度が圧迫されていくのですね。

恐怖……、

には。

PART 7

不安、悲しみ、自分の心を守る

ときには、ご相談者さんがいまにも心を病んでしまいそうなご相談もあります。フェル先生はそのような質問には特に誠心誠意、真摯な気持ちでお答えしています。もしいつか、極度な不安や悲しみ、恐怖に襲われそうになったら、フェル先生の言葉を思い出してください。そして心をしずめ、どうか幸せを引き寄せてください。

Case 21

すぐキレる妻に愛情がもてません。結婚生活もストレスに感じています。

先生、いつも楽しくかつ的確なご指摘を楽しみに拝見しています。

私の悩みはすぐキレる妻に最近愛情がもてなくなってきたことです。何かというとすぐキレる、怒鳴られる。モノを投げる。

具体的には子どもが部屋を片付けないと言ってキレる、コップを落として割ったと言ってキレる、連れていったレストランが不味かったと言ってキレる、連れていった映画が（自分が観たいと言ったのに）つまらなかったと言ってキレる、毎日毎日極々些細なことで怒鳴られ、なじられます。

うちは自営業なので家族で仕事をしいますが、妻は家事があるからと言ってお店にほとんどいません。しかし洗濯、食器洗い、風呂の掃除など、家事の半分以上は私が開店前に済ませてます。

いつもひとりでお店にいて、いったい妻は、いま何をしてるんだと思います。心なしか妻のすぐキレる性格や常にイライラしている状態が子どもたちにもうつってきて、子どもたちも怖い声で怒鳴ったりするようになってきました。

何しろ妻の実家の母と妹たちが遊びにきたときに、「アレは貴方でないと耐えられない」と言われたほどです。おいおい自分の娘でしょうが……。

私も付き合い始めからいままで、どんなに怒鳴られても罵られても耐えてきましたが、そろそろ限界のようです。

何しろたしなめると逆ギレして、さらに悪化するので諭すこともできません。家の車を車庫入れのとき、ハンドル逆に回して壁に激突させて数十万円の修理費がかかっても、あなたの指示が悪いからよ！と言って逆ギレして謝りません。

最近妻とセックスするときに途中で中折れするようになりました。私はついにそういう年になってしまったのかと落ち込みましたが、試しにアダルトビデオを使いましたら男性機能はまったく問題ありませんでした。私のなかで潜在的に妻に対する愛情は日々のストレスで枯渇してしまったようです。

真剣に離婚も考えています。私はどうしたらいいのかまったく見当がつきません。

私は妻以外の女性は知りませんし、浮気はしてないですし、お店の売り上げも十分なので生活にも困らない。むしろ人より贅沢させてあげているのに、誰に聞いても彼女が何がそんなに不満なのかわからないと言われます。
何かご指導いただけましたら幸いです。

（43歳・男性・自営業・疲れた男）

Answer

いやぁ大変ですなあご同輩。お察し申し上げます。
女ってのは本当に勝手な生き物です。
いや、実は私もですね……って、私の話はどうでもいいですか（笑）。
大抵の女性は何かの拍子でプツンと切れます。若いころは温厚だった女性も、オバサンになると徐々にキレるようになってきます。年を取るとさまざまな見識が身に付いてきて、温厚になるなんて話はまったくのデタラメで、あの子がなぜ……という人が、加齢とともにプツンとキレるようになってしまう。

まあこれは男性も同じですね。よく駅のホームで、結構な身なりのオッサンが駅員相手にブチ切れたりしているじゃないですか。何が不満なのでしょう。実にみっともない。

それにしても、キレる人はなぜキレるのでしょう。そのへんをじっくり考察してみる必要があります。実はキレる人には共通点があるのです。その〝点〟をしっかり見極めておかないと、対処することは難しい。

まず、キレる人は〝誰彼なくキレるのではない〟ということです。

駅でキレているオッサンをよく観察してみてください。キレている相手は誰ですか？　滑舌の悪い駅員であり、乳母車を畳まないママさんであり、たまたま肩が当たってしまった不幸な若者ではないですか。オッサンは、見るからにヤバそうな、例えば

Answer

ヤクザ相手にキレることは決してありません。

なぜか。結果がどうなるか分かっているからです。脳の血管がブチ切れているように見えて、実は結構冷静に周りを観察し、計算高くキレているのです。

奥様がキレる相手は、ご主人であり、お子様であり、実家の親兄弟ばかりでしょう。ママ友やご近所さん相手にキレることは決してないと思います。実は結構冷静にキレ相手を絞っている。

それともうひとつ。キレる人は、キレることによって得られるメリットを心得ています。職場で自分の立場を優位に置いたり、優先的に乗車したり、あるいは単純に萎縮する相手を見て歪な優越感に浸ったり……。それらのメリットは非常に限られたものので、長期的に見れば失う物の方が多いのですが、キレる人はそのあたりの収支計算ができていないのです。近視眼的と言ってもいいでしょう。

奥様はなぜキレるのでしょう。

家族がしっかりしていて、経済的にも恵まれ、家事に縛られることもない。しかも貴殿は浮気もしていない。いったい何が不満なのでしょう。

奥様の不満は、〝女性扱いされていない〟というところにあると思います。

彼女がキレるのは、貴殿に対する不器用な意思表示です。

最近奥様とふたりで出かけたことはありますか？　ふたりきりで買い物をしたり、音楽を聞きに行ったり、食事をしたりしていますか。家族揃って出かけることはあっても、ふたりきりのデートはもう何年もないでしょう。

奥様はそこが不満なのです。

自由にカネが使えて、たまにセックスもして、ゼータク抜かすんじゃないよ！と思われましょうが、相手は女性ですよ。それだけでは足りません。女性はやはり何歳になってもレディとして扱って欲しいものなのです。

失礼ながら貴殿はそこが分かっていない。

考えてごらんなさい。

Answer

一緒に楽しく音楽を聴いて、美味しい食事をしたその翌日に、奥様が些細なことでキレたりすると思いますか？

絶対にないですよ。コップを落としたって、笑って掃除機をかけるようになりますよ。

そうそう、花を買っていくのも効果的です。花をもらって不快に思う女性はこの世に存在しませんから。


少し時間はかかるかもしれませんが、根気よく〝女性扱い〟を続けてください。

そうですね。半年もすればキレ体質は徐々に改善してくると思います。

貴殿がキレないよう、長期的な展望をもって頑張ってください。

1年これを続けて、それもダメだったら、そのときはじめて離婚を考えましょう。

フェル先生のズバリひと言。
from Mr. Ferdinand

えらい夫。

連れていったレストランが不味かったと言ってキレる、連れていった映画が（自分が観たいと言ったのに）つまらなかったと言ってキレる……。こんな奥様ともセックスができる相談者に驚嘆しました。ご苦労様です。

Case 22

夫から別れ話をされました。「妹のようにしか思えなくなった」って。

フェル先生、いつも楽しく記事を拝見しています。

最近のわたしの悩みは、夫から別居もしくは離婚をしたいと言われたことです。青天の霹靂です。かなしい。

結婚してもうすぐ4年。子どもはおりません。

理由は「妹のようにしか思えなくなった」、「自分は結婚に向いていないと思う」らしいのです。

わたしの両親はとても仲がよく、理想の夫婦です。その理想像を押しつけてしまっていたのは否めません（お財布を一緒にしたり、仕事が遅くなるときは連絡してほしいなど）……。

彼は別れても、「ときどき会ったらいいじゃん。離婚が嫌だったら別居はどう？」みたいな感じで（ここまで軽い言い方はしていませんけど）、不満な部分を一緒に頑張って改善していこう、とは思えないようです。

世の中にはいろいろな形の夫婦があるということも理解していますが、前記したように、両親のような家庭を作りたい、一度結婚したからには添い遂げたいと思っていて、賛同はできません。

だらだらと書き連ねてしまいましたが、つまるところ、わたしは別れたくありません。愛情もあります。

しかし彼は別れたい。そして彼は優しい人ですが頑固なのです。

最近はなるべく干渉しないように心がけてはいますが、ここからの巻き返しは望めないものでしょうか？

同じ男性として、フェル先生のご意見をうかがいたいです。

バサっとやってくだされば、わたしのこのモンモンモヤモヤした気持ちも晴れるかもしれません。よろしくお願いいたします。


（30歳・ＩＴコンサルティング・女性）

Answer

何の前触れもなく、突然に訪れる悲劇はつらく悲しいものです。

何しろ覚悟も身構えもできていないのですから、これはもう特別につらい。

事故による近親者の死、失火による自宅の焼失、ペットの突然死……。数え上げたらキリがありません。

あなたは結婚生活4年にして、突然ご主人から離婚しようと宣告された。

彼に女がいるわけでもなく、あなたが家事放棄をしているわけでもなく、また普段から争いが絶えなかったわけでもない。ご自身が思い描く〝幸福な家庭〟を追求していたら、そのさなかに何の前振りもなく、いきなりバッサリとやられてしまった。

まるで自分の全人格を否定されたような、すべてが無に帰すような、地獄のつらさでしょう。

何かつまらないことがキッカケでケンカが始まり、バカヤロコノヤロの勢いで「テメーなんかとは別れてやる！」となるのなら話は単純なのですが、それともまた違う。

理由が「妹のようにしか思えなくなった」ことであり、その挙句「自分は結婚に向いていないと思う」と宣うのですから、取り付く島もありません。

あなたが今やるべきことは、ご自身の心を守ることです。

彼との関係修復、もしくは離婚の算段などは、焦らずに後からじっくり取り組めばいい。あなたはいまご自身で思うよりもはるかに大きなダメージを心に負っています。

決してひとりで抱え込まず、一番信頼できる人にいまの状況を話しておくべきです。

ご両親にはまだ言わないほうがいいでしょう。

お友達や先輩で、口が固く信頼できる人はいませんか？　その人にだけ（決して複数の人に話してはいけません）、信頼できるひとりだけに、いまある状況を包み隠さず話しておきましょう。別に答えを求めなくてもいい。話しておくだけで十分です。話しているうちに、あなたは自分が何を考え、そして何が大切であるかを分かってくるでしょう。

これは今日からでもすぐに取り組んでください。食事をキチンと取り、眠れなくて

Answer

も横になる時間を作り、少しでも心を穏やかにするよう心がけてください。

それにしても彼はとても正直な人ですね。「妹のようにしか思えなくなった」。これは彼の心を読み解く上で非常に重要なキーワードです。あなたには何の落ち度もない。あなたは普通の女性であり、立派な社会人であり、可愛いお嫁さんです。彼もそういうあなたを愛しく、しかも誇らしく思っていた。

ですがここがクセモノです。彼はフツーが耐えられない。仕事に対しても日常に対しても、そして女性に対しても、常に刺激と変化を求めているのです。結婚前に恋人として交際していたときの彼はとても優しく、あなたを大切に扱ってくれていたのではありませんか。それが結婚して年数が経つと、徐々に扱いが雑になってくる。それは彼にとって当たり前のことなのです。あなたはもう「自分のもの」だからです。

よく「釣った魚に餌はいらない」といいますが、あれとは少しニュアンスが異なります。彼は狩猟を常とするハンター気質の人間です。あなたに対する〝愛しさ〟はあっても、エモーショナルな情念は恐らく皆無であると思います。

ですからセックスする気にもなれません。もう何年もセックスはしていないでしょう。あなたがムリに迫っても、恐らく彼は勃たないのではないかと思います。ですがそれはあなたに対してだけの不能です。いわば家庭内インポです。こういう種類の男性は、世の中に結構な確率で存在します。問題は、あなたがそうした種類の男性を好きになり結婚してしまった、ということにあります。

関係を修復するのは、非常に難しいと思います。もしかしたらこのまま別れてしまったほうが、お互いのためなのかもしれない。それでもやはり最後まで修復に向けて最大限の努力はするべきでしょう。何しろあなたは彼を選び、彼もまた一時はあなたのことを愛し、あなたを妻として娶ったのですから。

彼が具体的に何を望み、どういう形の夫婦関係が理想であるのかを、少し落ち着いてきたら時間を設けて話し合うべきでしょう。あなたがそれに合わせることができるか、また合わせる価値があるか、そのあたりを冷静に考えてみる必要がありましょう。

Answer

ご両親のような夫婦が理想であるとおっしゃいましたが、それが呪縛となっているのでは意味がありません。ご両親とはまた別の形で、おふたりにはおふたりに合った、素敵で有意義な夫婦関係があるはずです。あなたご自身がどうしていきたいのか。少し時間が経って落ち着いてから、じっくり考えてみる必要がありましょう。

長々と書きましたが、どう転んでも世の中そんなに悪いようにはなりません。あなた方が離婚しようが、ガマンしてムリに一緒に暮らそうが、朝は普通にくるし電車も普通に走っています。

まずはゆっくりして美味しいものを食べて、心と体を落ち着かせましょう。面倒なことはあとからゆっくり考えればいい。いま焦ったって、何もいいことはありません。ゆっくりゆっくり落ち着いて。泣くのも騒ぐのも後からでいいじゃないですか。

意外と……。

ご相談から2年。これは「その後」がとても気になる事案です。おふたりはどうなったのでしょう。離婚されたのか、ご主人の気がコロッと変わって元の鞘に収まったのか。案外子どもができてシレッと幸せになっているのかもしれません。

Case 23

旦那には「清楚そう」だと思われていますが、昔ビッチだったことがバレないかと不安です。

フェル先生こんにちは。

お聞き苦しい話になってしまいますが、よければ相談に乗ってください。若いころ、自分に自信がなかったのもあって、素敵な男性に誘われるとすぐ舞い上がり体を許してしまうような女でした。

一途な愛情でなくとも、一時的な性欲を向けられるだけで自尊心が満たされて、嬉しかったんです。しかも、女子会のネタの一環として、貞操の固い親友にいちいちそれを報告して「モテる自分」としての人生を謳歌しようとしていました。

彼女はいつも少しあきれた顔で、でも親身になって聞いてくれました。

そんな私ですが、年齢を重ねるにつれ性的なものに振り回されることもなくなり、先月結婚が決まりました。

いま、幸せの真っ盛りなのですが、ひとつ心配なことがあります。旦那に、昔私がビッチだったことがバレるのではないかということです。

過去のことは反省しているのでここ数年は旦那以外の男の人とは一切会っていないし、やましいことはないのですが、過去はどうしようもできません……。

旦那は私を「清楚そう」だと思ってくれているようなので、昔のことを知ったら失望するんじゃないかと不安です。旦那は、私がなんでも話していた女友達とも仲がいいので、彼女が旦那に話してしまったらすべて台なしになってしまいそうで怖いです。

悪いのは私ですが……、彼女に口止めするのも変な気がして、悩んでいます。

（28歳・女性・会社員）

Answer

ほうほう。過去にいい男から誘われると、大喜びでホイホイと簡単に体を許しておられたと。そしてそれを女子飲みのネタとして提供し、特に親友の女性に対しては、(恐らくは多少〝盛った〟内容の脚色も含めて)秘め事であるはずのエッチの内容をこと細かに報告しておられたと。

はははは。そりゃ楽しくて結構じゃないですか。若いころにありがちな、「ちょっと元気なお嬢ちゃん」というところですか。

口説かれれば嬉しいし楽しいですからね。ことの良し悪しも分からぬ時分に、見てくれのいい男性に口説かれれば、そりゃフラッといってしまうでしょう。

私を含め多少腕に覚えのある男性は、女性との会話のなかから「今日は行けそうだ」と何らかの感触を得ると、イッキにクロージングにかかります。歯の浮くような口説き文句を並べ、「必ず今夜中に抱いてやる」、と戦闘態勢に入るわけです。ヤりたい一心ですでにチンポコが半立ち状態の野郎は、何でもやるし何でも言うものです。クロージングの口説き文句は、あなたを有頂天にさせるに十分なものだったでしょう。

若いころには若いころにしかできない恋愛とセックスがあるものです。

楽しくキモチ良い青春を過ごせて良かったじゃないですか。（あなたの親友を含む）同年代の他の多くの女性よりも、より深く濃い時間を過ごしてきたのですもの、ここは単純に「あー楽しかった」、と思っていればいいでしょう。

そんなあなたも年齢を重ねるにつけ、暮らしにおけるセックスのあり方が変わってきた。つまりはヤリマンではなくなった。そして素敵な彼ができて、めでたく結婚することと相成った。

良かったじゃないですか。おめでとうございます。

彼にたくさん愛してもらって、あなたはその10倍くらい彼のことを愛して、これ以上ないくらいの幸福を手に入れてください。いや実にメデタイ。

で、なんですって。あなたが過去にビッチだったことがバレやしないかと心配で仕方がない、ですって。

Answer

あなたねえ。何人の男と寝たかは存じませんが、所詮はアマチュアレベルの話でしょう。別に風俗嬢として金銭を得るために毎日セックスしていたわけではないのでしょう。たかだか二桁台の過去でビッチだ何だと悩んでいたら、そのへんを歩いている女性はすべて自殺しなくちゃいけなくなりますよ。細かいことでグジグジしなさんな。

あなたを愛して、あなたと結婚しようという男性は、「あなた」という人間を選んだのですよ。

素直なあなたの性格を、何気ないあなたの仕草を、部屋に花を飾る優しいあなたの心を、そしてビッチだったというあなたの過去も。そのすべてを含めて、「あなた」を愛し、選んだのです。

自信をもって愛してもらいなさいな。

そしてその10倍彼のことを愛してあげなさい。

何も恐れることはありません。ふたりが深く愛し合えば、この先には幸福の二文字しかありません。ですがそこに恐れや不安や疑心暗鬼が入り込むと、その幸福はたちどころに揺らいでしまいます。彼を信じ、ご自身を信じてください。そうすれば必ず幸福になれます。

え？　親友があなたの過去をバラしやしないかと心配でメシも食えない、ですって？　それじゃしばらくメシを抜きゃいいじゃないですか。いまのままじゃウェディングドレスがきつくて入らないでしょう。ちょうどいいじゃないですか。

万一彼がその話を聞いたって、「ああそうですか」のひと言で終わりますから。

あなたの今の人格を作り上げたのは、そのビッチ期間があればこそ、ということも彼は必ず理解しますから。どうかお幸せに。余計な口止めなどは一切不要です。

from Mr. Ferdinand

「忘れること!」

フェル先生のズバリひと言。

若いころにハメを外してヤりまくっていた女性が、心から愛せる男性に漸く巡り合えた。いや実にメデタイ。過去のことはスッパリ忘れて、幸福に邁進しましょう。いまごろは可愛いベイビーが生まれているのかもしれません。

Case 24

子どもを失った悲しみですら、誰にも打ち明けられません。

フェル先生こんにちは。毎週更新を楽しみにしています。

いままで読む専門でしたが、勇気を出して悩みを投稿しました。お力を貸していただけると幸いです。

自分の気持ちを人に打ち明けられず、ひとりで抱え込んでしまう自分を変えたいです。

重い話で申し訳ないのですが、3カ月前に第一子を死産しました。

予定日4日前の妊婦検診で、医師から「お腹の中の赤ちゃんの心臓が止まっている」と告げられました。妊娠の経過はいたって順調だったうえに、私自身にも生まれてくる赤ちゃんにも問題はなく、原因は不明です。

ここからが本題なのですが、もともと人付き合いが得意ではないうえに、自分の気持ちを他人に打ち明けるのが苦手で、嫌なことやつらいことがあっても感情を抑え込んで生きてきました。

死産の診断直後、あまりに理不尽な出来事に感情は爆発寸前だったのですが、気持ちを表に出さず冷静に振る舞ってしまい、助産師さんに「もっと素直に感情を出していいんだよ。いい子にならなくていいんだから」と何回も諭されました。

幸い、入院中は助産師さんが親身になって私の悲しみに寄り添ってくださったお陰で、毎日涙をぽろぽろ流しながらさまざまな感情を吐き出すことができたのですが、退院後は感情を抑えてしまう自分に戻ってしまいました。

夫には夕食を食べているときや一緒に湯船に浸かっているときなどにぽつりぽつりと気持ちを話していますが、「私の話ばかりで悪いな」と思ってしまい、喉元まで出かかっていた言葉を飲み込んでしまうこともあります。

学生のころから無理に笑ったり適当に相槌を打ったりすることが苦手で、友達があまりできないままに生きてきたので、心を許せる友人は3人しかいません。その友人らにすら事実を伝えることで精いっぱい。甘えられない自分に嫌気がさします。

これまで聞き役になることが多く、相談することが少なかったといまになって気付きました。普段から愚痴を言い合っていれば、話すことで心の中のモヤモヤを整理できるのにという思いにとらわれ、孤独感でいっぱいになります。

いまは病院から紹介されたカウンセリングに月に1、2回行っており、そこでしか自分の気持ちを話せません。

以前勤めていた会社（出版系）は、死産後に退職してしまいました。ですので、日中はラジオを聴いたりDVDを観たり、読書をしたりしてやり過ごし、ダメだと分かっていながら「私はなんて不幸なんだろう」と自己陶酔に耽っています。もともと人付き合いが少なかったのに、さらに人から遠ざかって自暴自棄になりそうです。

何とか立ち直ってこんな自分を変えたいです。ひとりで必要以上に悩まず、自分自身をラクにするにはどうしたらいいでしょうか。

追記　夫とは結婚3年目を迎え、最近性生活を再開し週に2回のペースでしております。また子どもは欲しいのですが、1年くらいはふたりで過ごそうと思っています。気持ちが落ち着いたら仕事を再開しようと考えています。


（31歳・女性・専業主婦・なな子）

死産を経験されましたか。それも出産予定日の4日前に……。それはおつらかったですね。

何も悪いことをしていないななな子さんに、真面目に直向《ひた》きに暮らしている若いご夫婦に、どうしてかくも残酷なことが起きるのでしょう。

いったい何の仕打ちなのか。罰が当たるなら、他にいくらでも当たるべき連中がいるだろうに。

まったく理不尽極まりない。こうなると神も仏もありません。

友達付き合いの苦手なあなたは、そのやりようのない苦しみと悲しみを、吐露できる相手がいないと言う。腹を割って話を聞いてくれて、あなたの苦しみをすべて受け止めてくれて、一緒に泣いてくれて、大変だったね、でももう大丈夫、さあ涙を拭いて……と優しく肩を抱いてくれる人がいないと言う。

Answer

いえいえ。顔を上げて周りをよくご覧なさい。目の前にいるじゃないですか。あなたの愛するご主人です。

あなたと一緒に、赤ちゃんが生まれてくるのを楽しみにしていた、またあなたと一緒に、絶望のどん底に突き落とされたご主人です。

私の周りにも、何組か死産や産後間もないお子さんを亡くしてしまった夫婦がいます。そのうちの何組かは、お子さんの死が原因で離婚してしまいました（婿養子が家を叩き出されたとか、逆に奥さんが姑に叱責されて居られなくなったとか）。離婚の形態はさまざまですが、ともかく仲の良かった夫婦が、子どもの死をふたりで受け止められなかったことにより離婚してしまうケースは非常に多いのです

何しろふたりの精神状態はボロボロのボロです。そこにアチコチから（要らぬおせっかいを含めた）同情やら意見やら宗教の勧誘やらがやってくるのですからたまりません。あなたもつらいがご主人もつらい。

子どもの死が理由で関係が破綻してしまう夫婦には共通点があります。

それは「ご主人の度量が足りない」ということです。

ふたりで悲しみを共有できなかった。奥さんの痛みを理解できなかった。奥さんを守り通すことができなかった。ご主人の肚《はら》がすわっていないと、この地獄を乗り切ることはできないのです。

その点、あなたは抜群に恵まれている。ご主人はあなたにそっと寄り添い、優しく抱きしめ、余計なことは何も言わないじゃないですか。

少し生々しい話をします。いまのあなたにはおつらいことだと思いますが、とても大事なことですから我慢して読んでください。

亡くなった赤ちゃんがあなたのお腹から出てきた日。

あなたは死ぬほど泣いたでしょう。世の中を呪ったでしょう。実際にお腹を痛めたあなたのつらさには比べるべくもくありませんが、しかしご主人も同様につらかった。それでも彼はあなたにつらい顔を一切見せずに〝つらい作業〟に当たっていた。

Answer

子どもが死産すると、医師が発行する死産証書と死胎検案書を携えて、役所に死産届を提出しなければなりません。出生届ではなく死産届です。さらに火葬の申請も必要です。これはつらい。本当につらい作業です。親の死亡届を出すのより1000倍はつらい。しかし彼はあなたに何も言わず、黙ってそれをやっていた。

彼は浴槽の中で後ろから黙ってあなたを優しく抱き、食事のときにも余計なことを言わず、微笑みながらあなたの話にウンウンと優しく頷いている。彼は本当に素晴らしい、男らしい男だと思いますよ。

だからあなたは、もっともっと彼に甘えて大丈夫です。彼の背中を流すときに、食後のコーヒーを淹れているときに、あなたの思いを、悩みを、苦しみを、そしてこれからのことを、余すところなくすべて彼に話してごらんなさい。彼はすべてを笑顔で（ときには一緒に泣きながら）受け止めてくれますから。

「私の話ばかりで悪いな」ってあなた。夫婦ふたりでいるときに、ましてやふたり仲良く風呂の中でツンツンしているときに、他に何の話をするんです？

神戸製鋼のデータ改ざん問題（本当につぶれるかもしれません）？　テスラモーターズの生産障害問題（当初目標の15%ですからねぇ……）？　あームダムダ。そんなことはあなた方が議論してもまったく意味がない。これからのふたりの話をしなさいな。

少し落ち着いてきたら、仲のいい3人のお友達にも、「つらい」と訴えていいでしょう。その人たちも必ずあなたの支えになってくれる。

甘えるべきときには甘えちゃいましょう。いまがその時です。

心を許せるご友人が3人もいるというのは凄いことですよ。友達は数じゃありませんから。その人たちは、これからもうんと大切にされるといい。ムリに人数を増やしても意味がありません。SNSで顔も知らない人と繋がって、「お友達ゴッコ」をしても詮ないだけでしょう。それでイイねの数に一喜一憂しているなんて愚の骨頂です。

そうそう。

「普段から愚痴を言い合っていれば話すことで心の中のモヤモヤを整理できるのに」

Answer

とおっしゃいますが、愚痴仲間を作ってはいけません。愚痴は言い合っても、不平不満が鬱積するだけです。その場の気持ちは少しだけ晴れるかもしれませんが、マクロ的に見れば損失の方が大きい。負の連鎖です。カフェなどでそうした連中の顔を観察してご覧なさいな。あんな浅ましい表情の人間になりたいですか？

最後に、「何とか立ち直ってこんな自分を変えたいです。ひとりで必要以上に悩まず、自分自身をラクにするにはどうしたらいいでしょうか」、このご質問にお答えいたしましょう。

つらいですよね。いまは本当につらい。ですが残念ながら、あなたの悩みを軽減し、あなた自身をラクにする夢のような方法はこの世の中に存在しません。

なな子さん。

残念だけど魔法はないんです。

あなた方ご夫婦は、このつらい現実にふたりで向き合うしかない。

立ち直るための薬があるとすれば、それは「時間」です。いまの苦しみが永遠に続くと思われましょうが、時間が経てば間違いなくそれは消え去ります。3年経ち、5年経てば、あなたは腹の底から笑えるように必ずなる。

問題は、そのつらい期間を、「どうやって過ごすか」です。他の幸福そうな家族を妬んで過ごすのか。効き目のない神仏を恨んで過ごすのか。本を読み、旅に出て、仕事にも就いて充実した時間を送るのか。

すべて自分が決めることです。誰に聞いても、誰に頼っても、最後に意思を固め、行動するのはあなた自身です。

なな子さん。辛いけどここは頑張ろうよ。頑張って乗り切ろうよ。

泣いて過ごしても5年。笑っても5年。どうせなら笑って過ごしましょうよ。そのためには前を向くしかない。自分の足で立ち上がって、前を向いて歩くしかないんですよ。

そうしたら絶対に幸福になれますから。ここは踏ん張ろうよ。

from Mr. Ferdinand

「幸せを祈ってます。

フェル先生の **ズバリ** ひと言。

これは悲しい話でした。お返事を書いた私にも、かなりズシッと来ました。実はこの回答。一回書いた物を破り捨てて、最初から書き直したものなのです。足掛け6年の連載の中で、全文書き直しはこのご相談だけです。いまは幸福に暮らしておられるのでしょうか？　続報をいただければ幸いです。

フェルディナント・ヤマグチ
コラムニスト。

ビジネスマンとしてバリバリ働く傍ら、日経ビジネスオンライン、Tarzan、ベストカー等に連載を抱える。

深い教養とキレのある筆致への評判のみならず、本業とコラムニストとしての仕事、さらにはプライベートを両立する超人ぶりへの人気が高い。顔出しはNGで、コラムニストとして登場する際は、常に仮面をかぶっている。

著書に『英語だけではダメなのよ』など。

フェル先生のさわやか人生相談

2017年11月25日　初版第一刷発行

著者　フェルディナント・ヤマグチ

デザイン　塚原 周三（SECRET POINT GRAPHICS）
撮影　尾鷲 陽介

協力　橋本 マナミ

企画・編集協力　cakes 編集部

編集　杉本 多恵
喜多 布由子（トランスワールドジャパン）

営業　斉藤 弘光、田中 大輔、工藤 郁美

発行者　佐野 裕

発行所／トランスワールドジャパン株式会社
〒150-0001 東京都渋谷区神宮前6-34-15　モンターナビル
TEL：03-5778-8599　FAX：03-5778-8743

印刷所／中央精版印刷株式会社

ISBN978-4-86256-220-3